なぜ、あなたの仕事は終わらないのか

スピード──ドは最強の武器である

中島聡
Nakajima Satoshi

文響社

今日も残業だ
仕事が終わらない
また先送りしてしまった
やりたいことが全然できない
もっと効率的な方法があるんじゃないか

そんなことで、日々悩んでいるみなさんに朗報です。

この本は、
「好きなことに思いっきり向き合う」
ための時間術の本です。

もし今、時間に縛られて、
人生を楽しめていない、と感じている方は
ぜひ、この本を最後まで読んでみてください。

明日の朝起きたら、今までのあなたとはまったく違う
新しい人生が始まります。

みなさんはじめまして。

この本の著者、中島聡と申します。

私はプログラマーとして、米マイクロソフト本社でWindows95の開発に携わりました。パソコンに詳しくない方のためにわかりやすくお伝えしますと、「ドラッグ&ドロップ」を世界に普及させ、「右クリック」の概念を現在の形にしたのが私です。

これを読んで「自分とは違う、遠い世界の話だ」と思われる方もいるかもしれません。しかし、こういった「世界を変える発明」は、時間を制することで誰でも生み出せる、と言っても過言ではないのです。

その理由をお話ししたいと思います。

私が29歳で、マイクロソフトの日本法人から、本社勤務になった日のことです。私は、これまでにない脅威を感じました。なぜなら、アメリカのプログラマーたちが、絵に描いたように優秀そのものだったからです。

朝早くからバリバリ仕事をこなし、夕方には颯爽と帰路につく。私よりはるかに腕のいいプログラマーがごろごろいて、到底太刀打ちできるようには思えなかったのです。おまけに私は、英語も全然しゃべれませんでした。

だから私は「時間との付き合い方」と徹底的に向き合うことにしました。

まず、天から与えられている時間は皆平等である。ここに気がつきました。人の能力がいきなり向上するようなことはありません。ならば時間の使い方を徹底的に突き詰めるしかない。すなわち、時間を制する者が世界を制している。

私はこれが、世界で成果を上げ続けている人たちの真実の姿だと思っています。私が身近に接した、元マイクロソフト社社長のビル・ゲイツこそ正にその中の一人でした。

その結果、32歳のときにビル・ゲイツの前でプレゼンをし、自分の提出した仕事が認められることになりました。それがWindows95です。

それらの実績が出せたこともあり、私は40歳のときに起業を決意しました。マイクロソフトを辞めると言うと、当時CEOだったスティーブ・バルマーは、私が退社する日の朝7時に、直接訪ねて引き留めてくれました。

アメリカのベンチャー・キャピタル（投資家）は、起業の経験もない私に150万ドル（現在のレートで約1億7千万円）もの資金を出してくれました。

どれも、身に余るほどありがたいことで、感謝してもしきれません。

もちろん、やりたいことがすべてできたわけではありませんし、関わったプロジェクトの成功率は3割くらいです。

寝る間を惜しんでプログラムを書き続けなければいけないことはしばしばあるし、なかなかとれないバグ（不具合）で苦しむこともあります。新しい言語や開発環境を短期間で習得しなければならないときなど、肉体的にも精神的にも自分を酷使しなければいけません。

自分に鞭打って、眠い目をこすりながらパソコンに立ち向かわなければならないこともよくあります。つらいときがまったくないかと言えば嘘になります。

しかし、時間を自分の手の中に取り戻し、時間を最大限にまで効率的に運用し続ければ、もしかしたら2倍以上の能力差のある優秀な人たちをも出し抜けるのではないか、と思っていました。恐れるべきは失敗することではなく、自分の「やりたい」という思いに不誠実になることだったからです。

すると結果として、幸せな人生を手に入れることができたのです。「やりたいこと」を実践するよう努力し続けていたら、結果を出すことができた、というわけです。

その結果を出すための自分のやり方を、今回私は「ロケットスタート時間術」と名付けました。本書では、みなさんにこの方法を最速で身に付け、一生定着させていけるように、次のような流れでお伝えしていきます。

1章　「なぜあなたの仕事が終わらないのか？」を解き明かし、あなたのこれまでについて振り返っていただきます。敵を知り己を知れば百戦危うからず、だからです。

2章　「ロケットスタート時間術」を手に入れると、あなたにどんないいことがあるかを説明することで、時間を効率的に使うことの楽しさを実感していただきます。

3章　「ロケットスタート時間術」がいかにして生み出されてきたかをお伝えします。小・中学校時代、高校・大学時代、社会人になってから起業するまで、どう時間に向き合ってきたかの話が出てきます。

4章以降　メインとなるノウハウのすべてを公開していきます。

本書は時間術の本です。

ですが単純に、ノウハウをみなさんに教えるためだけに紙幅のすべてを割くことはしません。方法論の公開と同時に、たくさんの例とたくさんの比喩、たくさんの概念を織り交ぜて時間そのものの核心に迫っていきます。そんな風なので、ノウハウの説明に至る以前の3章までをまどろっこしく感じる方もいるかもしれません。しかし全体を読み通していただいた後に、3章までの真の価値をきっとご理解いただけるはずです。

なぜなら、ノウハウをあなたに伝えることは、私の本書での仕事のほんの一部にすぎないからです。

ドイツの文豪ゲーテは、「知ることだけでは十分ではない、それを使わないといけない。やる気だけでは十分ではない、実行しないといけない」と言いました。本書全体を通して私は、あなたにロケットスタート時間術を実践していただけるよう、丁寧に働きかけていくつもりです。

そのことをお伝えするために、これからあなたと一緒に私も、まるまる一冊をかけて「時間を探す旅」へと漕ぎ出していきたいと思います。時間そのものに対してそんな見方をしているのだ、こんな時間の使い方があるのだ、ということを発見しながら読んでいただければと思います。

一度立ち止まって、時間の使い方に徹底的に向き合う。

あなたが本当に効率的な仕事の仕方を身に付け、忙しさから解放されたいのであれば、一度立ち止まる勇気を「今」ここで持たなければなりません。

この本の「ロケットスタート時間術」は、あなたの苦しみを、今度こそ根本から治癒するために生まれたものです。

あなたが「時間の手綱を自分の手に取り戻し」、自分の人生と世界を制する一助となれば、これほどうれしいことはありません。

中島聡

本書の効果

仕事が多すぎて
絶望している人も、
スムーズに回せるようになる

日中眠くならない方法がわかる

マルチタスクの
こなし方がわかる

予定の半分で
仕事の大半が
終わるようになる

打合せに遅刻しなくなる

徹夜をしなくても
済むようになる

毎日勉強する時間や
ブログを書く時間を
確保できるようになる

自分の2倍能力が高い人にも
勝てるようになる

集中力が手に入る

メールを返信すべき
本当の時間がわかる

ビル・ゲイツや
マイクロソフトが
やっている仕事の仕方がわかる

朝型の生活習慣が
手に入れられる

会社から早く帰れるようになる

仕事に追われることがなくなり、
逆に仕事を追う状態に入れる

「勉強」せずに
英語が話せるようになる、
洋書が読めるようになる

困ったことが起きなくなる

特別な受験勉強が
必要なくなるほど
効率のいい勉強の仕方がわかる

もくじ

I なぜ、あなたの仕事は終わらないのか

2 時間を制する者は、世界を制す

3 「ロケットスタート時間術」はこうして生み出された

4 今すぐ実践ロケットスタート時間術

5 ロケットスタート時間術を自分のものにする

6 時間を制する者は、人生を制す

なぜ、あなたの仕事は終わらないのか

「終わらない仕事」は、こうなっている

金曜日

「これ、1週間でよろしく」

あなたはたった今、上司から新たな仕事を任されました。今日は金曜日。締め切りは1週間後の来週金曜日です。7日あればその仕事は確実に終わるでしょう。

しかしあなたは、ほかにも来週の月曜日締め切りの仕事を抱えています。優先順位を考えれば、3日後が締め切りの仕事を先にやらなければいけません。

あなたは頑張って、3日後が締め切りの仕事を今日中に終わらせました。お疲れ様でした。週末2日間、ゆっくり休んでください。

月曜日

さて、月曜日がやってきました。先週の金曜日に頼まれた新規の仕事に取り掛かります。

締め切りまで5日あるわけですから、たぶん終わるでしょう。

「まあ、でもほかにも仕事はあるしな」

あなたは新規の仕事はいったん脇に置き、メールの返信や長期で抱えているほかのプロジェクトを進めていきました。もちろんそのあいだに、新規の仕事をどう終わらせるかというスケジュールも考えていました。

水曜日

期限まであと2日……。

「これじゃ終わらないかもしれない……」

スケジュールを考えていたとはいえ、頭の中でやるのと実際にやるのとは違います。なんとなく終わらなそう、と予感したあなたは、ほかの仕事を放棄して、あと2日しかない仕事に本格的に取り組むことにしました。

木曜日

締め切り前日、木曜日の夜のことです。メールの返信やほかの緊急の打合せなどで時間を取られたあなたは、ついに徹夜で仕事をしなくてはならなくなりました。締め切りまであと数時間。あなたは必死に仕事を進めていきます。

金曜日

「例の件、終わった?」

翌日の金曜日、あなたは上司から仕事について尋ねられました。背筋に寒気が走り、冷や汗が額を伝います。あなたは徹夜で赤くなった目を瞬きしながらこう言いました。

「すみません、ほかの仕事もありまして、徹夜もしたのですが……もう1日いただけないでしょうか……」

その後の顛末はみなさんの想像にお任せします。

じつはこの話、実際にいた私の部下であるAくんが、知り合った当初にやったことでした。

Ａくんは従順な部下に見えました。仕事を頼むと、彼はいつも「はい！　やります！」「かしこまりました！」「承知しました！」と言います。いつも文句を言わずに仕事を引き受けてくれます。上司としてこんなにありがたい部下はいません。

けれどもＡくんは、仕事にどのくらい時間がかかるのかという見積もりを甘く見ていました。いつも仕事を与えられた際に、ぺろっと仕様書を見ただけで、理想の完成日時を予告してしまうのです。

Ａくんの仕事は、上司である私の側から見るとこう見えています。

締め切りが1週間後の仕事をお願いした後、Ａくんは毎日まじめに仕事をしていました。途中、ほかのこまごまとした仕事を任されることもありましたが、頼んだ仕事もちゃんとやっているようでした。土日も体を休め、余裕を持って仕事をしているようでした。このような姿を見ると上司としても安心です。

ところがある日のこと。会社に行くと、Ａくんがオフィスで一人寝ていました。どうしたのかと聞くと、どうやら徹夜で仕事をしていたようです。

「大丈夫？　ちゃんと終わる？」と私が聞くと、「大丈夫です！　頑張ります」と答えました。締め切り前日の木曜日のことです。

私は不安になってきました。とはいえ、大丈夫と言われたからには手出しはできません。Aくんはまじめな部下です。仕事で手を抜いたり、適当な完成度で放り投げたりはしません。だからきっと、任せた仕事はほとんどもう終わっていて、クオリティを上げるために時間を費やしているのだろうと思っていました。そして締め切りの金曜日、Aくんは私にこう言いました。

「すみません、ほかの仕事もありまして、徹夜もしたのですが……もう1日いただけないでしょうか……」

Aくんは毎回毎回適当に仕事をしているわけではありませんでした。もちろん規定どおりの仕事を、ちゃんと納期ぴったりに出してくることもありました。

しかし、ほかの案件や、メールの返信などのこまごました仕事にも意外と時間がかかることを織り込んでいないため、仕事を終わらせることができなくなるのです。

その後もAくんは毎回締め切りギリギリになって「すみません、終わりませんでした」と謝ってきました。それも、眉を下げ、本当に申し訳なさそうに言うのです。Aくんは毎度徹夜で仕事を頑張るので、目を赤くして私のところに来ます。「徹夜したのですが……」それが何回も何回も続いたのです。

3か月ほど経ったころ、これはさすがに注意しないといけない、ということで私はAくんを厳しく叱りました。仕事が遅いからちゃんとやってくれと。反省しているのかと。遅れるなら仕方がないけど、間に合わないと思った段階で早く報告してくれと。

私のほうでも、Aくんがしっかり仕事できるように様々な工夫を試みました。たとえば、その会社では基本的に2週間単位の仕事を割り振っていたのですが、彼には3日単位の小さな仕事を割り振ってみたりしました。あるいは単に仕事の量を半分にしたりもしました。しかし結果は変わらず、Aくんはいつも最後には「終わりませんでした」と言ってきました。

Aくんは、仕事自体はデキるのです。そこそこ優秀なプログラマーだったといえるでしょう。けれども彼は時間を使うのがとても苦手でした。仕事の量をいくら減らしても終わらないというのは、そういうことなのでしょう。

Aくんはその後、会社から幾度も勧告を受けたにもかかわらず、まったく改善が見られないため、残念ながら、1年後に私のチームにいてもらえなくなってしまいました。私も上司として力不足でした。

Aくんのように、締め切り間際にラストスパートで仕事を終わらせようとする人の態度を「ラストスパート志向」といいます。のちにお話ししていきますが、ラストスパート志向は、仕事をするうえで最も避けるべきことです。

なぜあの天才は、トップグループから脱落したのか

もう一人、過去にいた私の部下の例を紹介しましょう。

Tくんは純粋な能力でいうと天才と言って差し支えないレベルでした。私と比較するのであれば、彼は私の倍以上の馬力を持っていると思います。

ただ、Tくんは仕事のうえでは少々あてになりませんでした。才能と馬力がありすぎるがゆえに、締め切り間際に、設計されていない機能をプログラムに追加したりするのです。たしかにその機能は優れたものでした。もしその機能が製品に加われば、製品の売り上げにプラスの影響を与えたことでしょう。天才的なプログラミング能力を持ったTくんならではの仕事といえます。

けれどもそんな機能を納品間際に追加されても困ってしまいます。最初から設計書にそうした機能を組み込むことが書かれているならともかく、全体の構成が決まってから何か新しいことを始めようとするのは大変難しいからです。

Tくんは紛れもない天才です。彼の能力は製品を開発するうえで強力なものになります。ただ、Tくんはパフォーマンスにムラがあることが問題でした。野球でいえば、三振を何回も繰り返し、たまにホームランを打つような選手です。

そういう選手はもしかしたら野球では優遇されるかもしれませんが、製品化計画が緻密に立てられているプログラミングの現場では、あまりいい選手とは呼べませんでした。一見優れた仕事をするようですが、上司の立場からすると非常にマネジメントがしづらいのです。

「こういう機能追加しました！」

Tくんがそう言うたびに、私はうれしい反面、彼が勝手に追加した機能のために開発スケジュール全体に影響が出ないよう、調整で走り回っていました。

もちろん毎回毎回そういうプロセスがあったわけではありません。規定どおりの製品を納期ぴったりに提出してくれることも幾度もありました（それが当たり前ではあるのですが……）。

けれどもそういった成果は、恒常的に上げることができなければ意味がないのです。仕事にムラがある天才は、いくら先進的なアメリカの企業であったとしてもなかなか活躍できません。

車の開発にたとえるなら、低燃費の車を作っていたはずなのに、出荷間際になって

「ターボエンジンを搭載してみました」と言ってくるようなものなのです。これではコンセプトを180度変えなければなりません。

もしターボエンジンを搭載したいなら、初期段階で搭載することを計画に盛り込むべきです。Tくんは終盤になって思い付きでターボエンジンを搭載するため、全体の計画に支障をきたすことがありました。結果、仕事は終わりません。

そういうわけで、Tくんはせっかくいい仕事をするのに、翌年は売上トップの製品を開発しているグループに入れませんでした。

うまくやれば仕事を納期どおりに終えられるはずなのに、締め切りにいつも間に合わないAくんタイプ。天才肌なのに時間の使い方が下手なだけで、能力が成果に見合っていないTくんタイプ。どちらも仕事が終わらないのは、時間の使い方がうまくないからなのです。

応用問題が終わらないと、テストは終わらない

先ほどAくんの例で、「Aくんは仕事にどのくらい時間がかかるのか、という見積もりを甘く見ていました」とお話ししました。そこで、仕事にかかる時間の見積もりについて、数学のテストを例にして考えてみましょう。

一般的に数学のテストは、前半に単純な計算問題があり、後半に難易度の高い文章問題が配置されています。前半に基本問題、後半に応用問題があるわけです。

前半の基本問題はいわゆるサービス問題です。ちゃんと授業を聞いて、式の解法を知っていれば、地道にやるだけで確実に解けます。どんなに数学が苦手でも、時間を使えば必ず解けるはずです。

一方後半の応用問題は、ただ解法を知っているだけでは解けないことが多いです。解法を知ったうえで、特殊なテクニックや論理性が問われます。こちらの問題は基本問題のように時間さえあれば解けるわけではありません。瞬時に答えまでの道筋がひらめくこともあれば、定理の本質を理解していないせいでドツボにはまってしまうこともあります。

応用問題の難しいところは、問題を解くのにどれくらいの時間がかかるのかが未知数であるという点にあります。基本問題はただの計算ですので、一問解くのにどれくらいかかるかがなんとなくわかります。

けれども応用問題は、先ほど述べたように一瞬でわかることもあれば、果てしなく時間がかかることもあります。そこが難しいところです。

みなさんもお気づきのように、数学のテストは仕事と似たところがあります。手を動かすだけで終わる単純作業もあれば、一見しただけではどのくらいかかるかわからない頭を使う仕事もあります。

仕事が終わらない人は、得てして後半の応用問題を甘く見ています。前半の基本問題をとんとん拍子に解いていくなかで、「こんなの簡単に終わるじゃないか」と錯覚するのです。

しかしそれは根本的な勘違いです。応用問題がどのくらいで終わるかは、取り掛かってみないと絶対にわかりません。そして応用問題が終わらなければ仕事は終わりません。

ですから応用問題に取り掛からないうちは、まだ仕事がどのくらいで終わるか判断できないのです。つまり、決まった期日内に終わらせることが重要な仕事の場合、まず取り掛かるべきは複雑な応用問題のほうなのです。

Aくんは仕事を与えられた際、簡単に仕様書を見ただけで「できます！」と判断していました。

Aくんは数学のテストの例でいうと、愚直に前半の基本問題から解いていき、最後に応用問題に直面したところで「これは終わりそうにない……」と気づく、という人です。

これでは仕事が終わらないのも無理はありません。こういった状況を改善する具体的な手法については4章で詳しくお話ししますが、ここでは見積もりの甘さが仕事の失敗を招く、困難なことを先送りすると後で足元をすくわれる、ということを覚えておいてください。

最初に頑張るアメリカ人、最後に頑張る日本人

数学の問題にしても仕事にしても、いつも最後にラストスパートをかけて終わらせようとするのが日本人です。先ほどAくんの話のなかで言ったように、ラストスパート志向は絶対にやってはならないことです。しかし日本の社会人は、みな夜遅くまで働いています。一方、朝早くから働くのがアメリカの社会人です。ここに仕事のやり方について考えるヒントが隠されています。

「日本は就業時間が長いわりに経済発展していないので、生産効率が悪い」という話を聞いたことはないでしょうか。努力家で頑張っているわりに成果が出せていないと。経済成長率には個々人の頑張りのほかにマクロの経済政策の影響が色濃く出るので一概には言えません。ただ、仕事の効率の話でいうと、たしかに日本の仕事の仕方とアメリカの仕事の

仕方はかなり違います。

とはいえ、仕事の仕方が違うだけで、アメリカ人も結構働いています。外国人は仕事をせずに遊んでいるわけではありません。

彼らが私たちと決定的に違っているのは、朝が早いという点です。彼らは朝の7時に会社に来て、夕方の5時や6時に帰るという仕事のスタイルを持っています。10時間くらい働いているということです。

たとえば私が住んでいたシアトルでは、スターバックスが朝6時から開店しています。スポーツジムも朝5時から開いています。なぜこんなに早いかというと、お客さんは夜よりも朝に来ることが多いからです。

日本では退社後にランニングする人もいますが、アメリカでは朝から運動する人が圧倒的に多いです。私もシアトルにいるときは、毎週月曜日は朝6時からテニスをして汗を流してから仕事を始めます。

日本では夜遅くまで会社に残ることが美徳とされています。なぜなら、みんなの視線がある中で仕事を頑張っていれば高く評価されるからです。

でもよく考えてみてください。夜遅くまで残っている人は朝何時から働いていますか？朝早く会社に来て夕方に帰るアメリカ人よりも働いていますか？　もしかしたら時間でいえば同じくらいではないでしょうか。

労働時間が同じならともかく、周囲のまなざしがあるからという理由だけで遅くまで残っていても生産性は上がりません。

日本では朝7時から働いて夕方6時に帰ろうとしても、周囲のまなざしに射抜かれて、強制的に夜遅くまで働くことになります。そんな環境ではむしろ生産性は下がってしまいます。これが日本の良くないところです。

一方、アメリカにはそのような空気はありません。朝から来て仕事を終えれば、夕方には帰れます。これには確固たる理由があります。それは、アメリカ人が家族を大事にしているからです。

ハリウッド映画やアメリカの連続ドラマでもよく見られるように、アメリカでは夕飯を家族みんなで食べるという文化が非常に根強いのです。そのため、会社の人はみな夕飯前には職場にはいません。

もう一つ、アメリカでは日本ほど公共交通機関が発達していないという理由もあります。子どもがスポーツをしていたりすると、夜7時過ぎにはスクールバスも通っていないので、親が車で迎えに行かないといけないのです（アメリカのスクールバスは定時に帰宅する子どもたちのためだけに運営されています）。

親が共働きで、子どもが2人以上だと、手分けして迎えに行く必要があります。そのため絶対に5時には会社から出ないといけません。すると、仕事を終わらせるために自動的に朝7時から働くことになる、というわけです。

日本では、仕事より家族を優先するとやる気がないように思われます。家族との団欒は休日だけのものであるという風潮が強いのは、みなさんもご存じのとおりです。

会社と家族のどちらの共同体を重視すべきかという議論は簡単に決着を付けられるものではありません。ですから私も不用意にどちらの方向性で行くべきだ、という主張は避けます。

けれども一つ確実なのは、**会社を重視しすぎるあまり、仕事の生産効率が落ちているの**が今の日本の現状であるということです。

「なるはや」をやめれば緊張感が生まれる

日本の職場で今最も蔓延している病気といえば「なるはや病」でしょう。これは「締め切りは明示しないけど、とりあえず早めにやってくれると助かるのでなるべく早くやってくれ」という、極めてあいまいな指示が飛び交う日本企業特有の病です。

なるはや病にかかった上司は部下に仕事を与える際、いつも「なるはやで」と頼みます。正しい感覚を持った部下ならば「いつまでにやればいいですか？」と上司に聞きますが、なるはや病にかかった部下は「わかりました」と簡単に仕事を請け負ってしまいます。

こうしてなるはや病にかかった上司と部下は仕事を回していきます。けれども「なるはやで」などというあいまいな指示に部下も緊張感を欠き、クオリティの著しく低い仕事を提出することになったり、最終的に締め切りまでに仕事が終わらなかったりします。

一方アメリカでは「なるはやで」などという指示はありえません。どんな仕事にも必ず締め切りが設けられ、部下は締め切りを守るために全力で仕事を終わらせます。締め切りがあるから効率化を考え、その結果生産性が上がるのです。

日本の職場にはそうした緊張感が欠けています。「1週間でできたら1週間でやってほしい」などというあいまいな指示では部下のモチベーションも上がるわけがありません。

日本人も「この仕事2週間で終わらせて」と言われたら2週間で終わらせるように努力するはずです。なるはや病は、日本人の潜在的な能力を引き出さずに抑圧する、悪い病気です。

なるはや病は何の意味も理由もない、ただの悪習慣です。ここで一歩立ち止まって、なぜ「なるはやで」などというあいまいな指示が横行しているかを考えてみてください。

答えがわかりましたか？

きっと答えはないはずです。そうです、なるはや病は何の根拠もないただの形式的なものにすぎないからです。本質的な意味はありません。

しかし一歩立ち止まって、本質的な意味を考えることは重要です。アメリカではそのように、形式よりも意味を考えて判断することがとても多いのです。

たとえば車を運転してスピード違反で捕まったときに「息子が熱を出していて」という言い訳が通用することが結構あります。法律は法律ですから守るのは基本ですが、なぜ法律ができたのかというところまでさかのぼったら、そういう判断を下すことになるのです。警官も意味を考えているのです。

もう一つ例を出すと、アメリカの電車には優先席がありません。なぜなら、必要だと思ったら規則がなくても高齢者や妊婦などに席を譲るからです。日本でも意味を考える習慣があれば、優先席を作らなくても人々は席を譲るはずです。

なぜその規則や慣習があるのかというところまで立ち戻って意味を考えてみてください。あなたも意味のない「なるはや病」に冒されていないでしょうか？

「余裕を持っておけばよかった」の経済学

仕事が終わらないときにあなたがいつも口癖のように言う「もっと余裕を持っておけばよかった……」という言葉は、行動経済学的に正しいことが証明されています。『いつも「時間がない」あなたに：欠乏の行動経済学』（センディル・ムッライナタン&エルダー・シャフィール著、早川書房）ではそのことが詳しく説明されているので、ここで紹介します。

ミズーリ州のとある病院の経営者は、手術室が足りないことで悩んでいました。医者は十分な数がいるのに、手術室の数が足りないのです。そのため手術ができる数に限りがありました。

そんなとき、病院はどのような対策を取ればいいでしょうか。選択肢は2つあります。

1　医師の残業を増やす

2　手術室を増やす

1を選択すれば、同じ医者が手術できる患者の数が増えます。

2を選択すれば、同じ時間で手術できる患者の数が増えます。

しかしこの病院が取ったのはどちらでもありませんでした。

この病院が取ったのは、手術室を一つ使わずに空けておくという第3の選択肢でした。

どういうことでしょうか。

結論から言うと、**この病院は手術室を常に一つ空けておくようにしてから、受け入れることのできる手術数が約5％増えたのだそうです。**なんと使える手術室を減らすことで、逆に手術することのできる数が増えたのです。

理由を考えるために、この翻訳書で紹介されている心理学の用語を勉強しましょう。

みなさんがいつも「持っておけばよかった……」と後悔する余裕のことを、「スラック」

といいます。スラックとはたるみ、ゆるみなどを意味する言葉で、転じて心理的な余裕のことを指します。

スラックを持てない人というのは、たとえば睡眠不足であったり、もっといえば徹夜をしている人だったり、それによって仕事に不安を抱えている人などです。

スラックがない状態が慢性的に続くと、人はどんどん生産効率が落ちていきます。

2015年9月23日付の米CNNの報道によると、**「多くの研究で、一晩眠らないとIQは1標準偏差下がることがわかっている。**つまり、一晩徹夜すると職務遂行能力は『学習障害がある場合と同程度まで低下する』（スワート氏）」ということまで言われています（スワート氏はコンサルタント会社ジ・アンリミテッドCEO兼神経学者）。

このような人たちは、もっと効率的な仕事の方法があったとしても、それに気づかずがむしゃらに仕事にまい進することになります。それが誤った方向であることにも気づかず、まるで暗闇のトンネルを行進するかのように。これを「トンネリング」といいます。

トンネリングにはまった人は、処理能力が落ちているうえに、出口の光が見えていないので疲弊していきます。結果、仕事は終わりません。

ミズーリ州の病院の問題は、いつも多くの救急患者が担ぎ込まれてくるため、予定していた手術のスケジュール変更を毎度迫られていたことでした。結果、手術のために準備していた医師はその間手持ち無沙汰になり、再開後の手術が深夜にずれ込むことで、睡眠不足が蔓延していました。

そこで、あらかじめ手術室を一つ空けておき、急患をそちらで対応することにしたところ、ほかの手術のスケジュールを乱すことなく、急患の対応も効率的に行うことができるようになったのです。それから2年のあいだで、この病院の手術件数は毎年7〜11％増加しました。

この病院の復活劇は、まさにスラックを失いトンネリングにはまったとしても、そこから脱出できるという成功の可能性を示してくれます。

長い長いトンネルから抜け出るために、余裕を持って仕事をすることはとても大切なのです。ですから、あなたの心の中の手術室を一つ空けておきましょう。

それこそが復活のカギになります。

#結局、なぜあなたの仕事は終わらないのか

ここまで、仕事が終わらない例をいくつか見てきました。本章の最後に、仕事が終わらない理由をおさらいしておきましょう。大きくまとめると、次の3点に集約されます。

①安請け合いしてしまう
②ギリギリまでやらない
③計画の見積もりをしない

①安請け合いしてしまう

これは、本章前半で紹介したAくんの例が当てはまります。彼は仕事を与えられたとき

に、あまり深く考えずに「できます！」と即答します。そして実際に仕事を締め切りまでに終わらせることができません。

Ａくんの問題は、何も考えずに安請け合いしてしまう点にありました。数学のテストの比喩を思い出してください。たしかに前半の基本問題だけを見れば、簡単に最後まで解けてしまえるように思うかもしれません。

しかし一番難しいのは後半の応用問題です。これは基本問題と違い、ただじっくりやれば必ず解けるというわけではありません。ですから一瞥しただけでは、できるかどうかの判断ができないのです。

仕事も同じです。本当は、終わるかどうかちらっと見ただけでは簡単にはわかりません。実際に仕事に手を付けてみて、ある程度こなしてから、やっとできるかどうか判断できるのです。そうした慎重さを欠いて安請け合いをすると、仕事は終わらず、上司からの信頼も失ってしまいます。それだけは避けましょう。

②ギリギリまでやらない

これも、Aくんの例に当てはまります。彼は火事場の馬鹿力的なものを信じているのか、いつも締め切り間際に徹夜で仕事をしていました。そうして結局「終わりませんでした」と言います。

これは単にAくんの能力が低かったせいではない、ということはすでにお話ししました。彼は仕事の能力はそれなりにありました。けれどもギリギリになるまで本気で仕事をしないのです。それこそが彼の大きな問題点でした。

締め切り直前の仕事は効率が大幅に低下します。なぜなら締め切りを破って上司に怒られるなどの嫌なイメージがノイズになって集中できないからです。トンネリングの典型例です。逆に締め切りがずっと先だと、いいイメージが浮かんで集中することができます。

Aくんは締め切り間際にはいつも徹夜をして頑張っていました。もちろん本気で仕事をすることはいいことです。けれども睡眠不足で、さらに締め切り間際で心理的に追い詰められている状況では、地に足を着けて仕事をすることはできません。

たとえば凍結した路面や砂漠の上など、足元のしっかりしない道でアクセルを全開に踏んでも、前進はできないですよね。車でエンジンが過熱する一方であるのと同様に、仕事でも徹夜は体力を消耗するだけの危険な行為なのです。

③計画の見積もりをしない

これは、本章前半で紹介したTくんの例に一致します。彼はプログラミングにかけては天才的な能力を発揮していました。彼の能力は会社にとっても稀有なものでした。けれどもあまりに才能があるがゆえに、締め切り直前に計画外の機能を追加したりして、全体の仕事の進行に迷惑をかけることがありました。

機能を追加すること自体は間違ったことではありません。Tくんが問題なのは、締め切り直前に思い付きで機能を追加するという点にあります。

ターボエンジンの例を思い出してください。低燃費の安定した車を開発している最中に、急にターボエンジンを搭載したいと言っても、そんなことは許されないはずです。なぜなら製品のコンセプト自体を揺るがす大きな仕様変更を迫られるからです。

ターボエンジンを追加で搭載するかどうか決めるべき時期は、製品化に向けた開発の初期の段階です。そうすれば製品化までに必要な期間を見積もることができるはずです。

それでも、あなたの仕事は終わる

ここまで仕事が終わらない理由をいくつも突き付けられてきて、意気消沈した方もいるかもしれません。

しかし私が本書でやろうとしているのは、あなたの気持ちを落胆させることではありません。

私はあなたが仕事を円滑に終わらせるために、まずはあなた自身について知っておいてほしいのです。

たとえば、Tくんはたしかにマネジメントはしづらいし、一緒に仕事をするのも一苦労なのですが、能力が飛びぬけていたことは確かです。

彼は仕事に集中しているピーク時は、私の倍以上の速さでプログラミングをしていました。彼の仕事ぶりを横で見ていて、本当にすごいと感心しました。

しかし社内で評価されたのはTくんではなく私でした。それはひとえに、時間の使い方が効率的で適切だったからだと思っています。

このエピソードは、「人は2倍以上の能力差がある人にも、時間の使い方次第で勝てる」というメッセージを放っています。

自分の能力を超えて、2倍以上の成果を発揮すること。時間の使い方をマスターすることは、仕事をするすべての人に必須の力といえるのです。

あなたの能力を臨界点まで引き上げるための行動を、実際にとってもらえるようになるために、次の章では「時間の使い方をマスターしたときに、あなたがどう変われるか」を強烈にイメージしていただける話をしていきます。

2

時間を制する者は、世界を制す

その仕事は、本当に間に合うのか？

1章では「あなたの仕事はなぜ終わらないのか」ということで、仕事が終わらない人の特徴を挙げて原因を分析しました。その結果、

①安請け合いしてしまう
②ギリギリまでやらない
③計画の見積もりをしない

という問題が見えてきました。この問題意識を引き継ぎつつ、本章では正しい時間の使い方をマスターすることの利点についてお話しします。

まず、時間の使い方をマスターすると、仕事のリスクが見えるようになります。リスクとはなんとも大げさな言葉のようですが、ここでは「できそうかどうか」という程度の意味だと思ってください。

たとえば2週間後が締め切りの仕事を任されたとします。この仕事が2週間で終わるかどうかはわかりません。上司もプロジェクトの進行上2週間後と設定しているだけであり、ちゃんと2週間で終わることを計算して言っているわけではありません。

だからこの仕事のリスクは、まず自分で計るしかないのです。自分で計った結果、2週間では終わらないということがわかったら、すぐに上司に言えばいいのです。

ここでリスクを計らずに愚直に仕事を進め、締め切り間際になって「終わりそうにありません……」と報告されるのが会社にとっては最悪です。締め切り間際にスケジュールの再調整に追われる上司がどれだけ大変か考えてみてください。

どの仕事でもそうですが、全体のプロジェクトのうちどこか一つでも締め切りに間に合わないと、プロジェクト自体が滞ってしまいます。AとBという仕事が完成して初めてCという仕事を始めることができる、という状況はみなさんも直面したことがあるでしょう。仕事が締め切りまでに終わらないのは仕方がないことです。そういった場合、できるだけ早く上司に相談することで、のちの混乱を避けることができます。

だから仕事のリスクを計ることは大事なのです。

スマホアプリがアップデートを繰り返す理由

「仕事のスピードを追求したら質が落ちてしまう。それじゃダメだ」

そう思われている方もいると思います。たしかに速さを求めると質は落ちます。大抵の仕事がそうであるように、スピードと質はトレードオフ（片方を取るともう一方は取れない）です。質の悪いものを出さないようにじっくり時間をかけて、ときには徹夜で頑張る人もいるでしょう。

けれども質を追求した結果、締め切りに間に合わないような仕事の仕方をしていては本末転倒です。締め切りに間に合うことが明らかな状況であれば、質を高めるために時間を使うのは間違っていません。問題なのは、まだ仕事が終わる見通しが立ってもいないのに、質を高めるためにあれこれ工夫を凝らそうとすることです。

みなさんが普段使っているスマートフォンのアプリを例に挙げて考えてみましょう。アプリは一度配信が開始されても、その後幾度もアップデートを繰り返します。新しいアップデートの通知が何件もたまっていく光景を誰でも一度は見たことがあるはずです。

あのアップデートはなぜ何回も繰り返し行われているのでしょうか？

答えは、配信が開始された段階では100％の出来ではなかったからです。

「未完成品を売っているのか！」

そう思われたでしょうか？　しかし想像してみてください。最初から100％の出来のものを作るなんて、可能でしょうか？　大抵の仕事は、終わったときは満足していたとしても、時間が経つと修正したくなるものではないでしょうか？

あなたの仕事だってそういうことがあったはずです。あのミーティングの日、話が終わった直後はなかなかいい仕事をしたと思った。でも翌日、ミーティングの内容を報告書にまとめている最中に「あれ、これで大丈夫かな……」と不安になってしまうのです。ほかにもあのプレゼンの前日、リハーサルが終わったときには「これでいける！」と思ったことでしょう。けれどもプレゼン当日、たくさんの人の前で発表している最中にどんどん不安になっていきます。

仕事とはそういうものです。**どんなに頑張って100％のものを作っても、振り返ればそれは100％ではなく90％や80％のものに見えてしまうのです。**言い換えれば、100％のものは、そんなに簡単に作れるものではないのです。

だから世の中のアプリ開発者は、配信後も長い時間をかけてアップデートを繰り返し、少しでもいいものを提供できるように努力しているのです。

つまり最初から100％の仕事をしようとしても、ほぼ間違いなく徒労に終わるわけです。なぜなら後から再チェックすると、直すべき箇所が次々に見つかっていくからです。

もちろん、仕事のクオリティを上げるために時間を費やすのは間違ったことではありません。適当な仕事を繰り返していては上司からの評価も下がります。

しかし時間を費やすあまり締め切りギリギリになったり、あるいは締め切りを破ってしまったりしては上司からの評価はもっと下がります。

クオリティが低くて怒られることよりも、締め切りを守れずに「時間を守れない人だ」

という評価をされることを恐れてください。

3500個のバグがあっても、世界は変わる

「兵は拙速《せっそく》を尊《たっと》ぶ」という言葉があります。これは兵法書の『孫子』から派生した言葉だと言われています（ただ、それを否定する説もあり、何の書物が正統な起源なのかは詳しくわかっていません）。

この言葉は、一般には「拙《つたな》い戦法でも素早く進軍したほうが戦いに勝つ」という意味で浸透しています。転じて、「仕事は最初のうちに迅速に終わらせると良い」という意味にもなっています。

私はマイクロソフトでWindows95の開発をしていました。マイクロソフトでは仕事ごとに必ず締め切りがあり、なおかつ製品（Windows95）の発売予定日も決定していたので、決められた仕事は必ず期限内に終わらせる必要がありました。当時どのような仕事の仕方をしていたのかは3章でお話ししますが、ここではとにかくスピードが求められていたということだけ覚えておいてください。

私はWindows95を予定どおりに発売するために、全力で仕事をしました。その結果、きちんと1995年8月24日にグローバル版が発売されました。

しかし発売当時、Windows95には約3500個のバグが残っていました。私たちはそれを知っていましたが、そのまま発売することになりました。

もちろんバグは修正することができます。だから先ほど紹介したように、スマホアプリの開発者はいつもバグの修正に奮闘しているわけです。

けれどもそのバグの数は、大規模なプロジェクトの場合、ある臨界点に達するともうそれ以上減らないということがプログラマーの世界では知られています。なぜなら、あるバグを直すとその副作用でほかのところでバグが発生する可能性があるからです。つまりソフトウェアのバグというのは、完全に0にするのがとても難しいのです。

それゆえ**プログラマーたちは、１００点じゃなくてもいいので90点や80点のプログラムを必ず納期に提出することが求められています。**「兵は拙速を尊ぶ」という言葉は仕事にもまさに当てはまるのです。

Windows95はそういう理由から、３５００個のバグを残したまま製品化されました。といっても、深刻なバグはもちろんちゃんと修正してあります。たとえば保存したはずのファイルが勝手に消えるといったバグを残してしまっては、使い物になりません。だからそういったものはちゃんと検証して除去しています。

ただ、ユーザーが通常の使用をする中では発生しないような細かいバグは修正しませんでした。たとえば一般のユーザーが絶対に知らないような特殊なコマンドを入力すると画面が消えてしまうなどです。そういったものまで完璧に除去しようとすると、無限に時間がかかります。それでは発売予定に間に合いません。

それでもご存じのように、Windows95は世界に大きなインパクトを与えました。恐らくWindows95は、細かいプログラムの知識を持っている専門家にとってはたいへんな手抜き作に見えたことでしょう。しかし大事なのは、一般のお客さんにとってどれだけいいものを素早く提供できるかです。バグの修正は発売後にもできますから、そこは許容範囲を見極め、割り切ってしまうべきです。

すべての仕事は、必ずやり直しになる

Windows95がどのようにして生まれたのかは、3章でもう少し詳しくお話ししますが、少し先取りして重要なキーワードをお伝えします。

このように**多少のバグを無視して、とりあえず大枠を作ったものをプロトタイプ（試作品）といいます。**これはプログラムの話に限らず一般的な仕事においても応用できる、より抽象的な概念であると理解してください。

会社の企画を任されたときにプロトタイプを作ると、全体のイメージが固まります。イ

メージが固まっていると上司もプロジェクトの進行を理解しやすいので、企画が通りやすくなります。また、何より自分自身がプロジェクトを進行するときに、仕事がやりやすくなります。

逆に、プロトタイプを作らないとこういうことになります。

以前職場で、別の部署の上司がプログラムを作っていました。といっても彼はプログラム自体を作っていたのではなく、詳細な設計図を作っていたのです。とても時間をかけて丁寧に作っていました。そしてそれをプログラマーに渡して、実際に作ってもらうのです。しかしプログラムというのは実際に作ってみてからが本番というところがあります。設計図上ではうまくいくはずなのに、実際に動かしてみるとうまくいかないということがしばしばあるのです。

結局プログラムはうまく動作しませんでした。しかしプログラムを作った人は、依頼主に文句を言うことはできません。「この設計ではできません」と申し出るのが難しいということは、みなさんもよくおわかりかと思います。そういうわけで、未完成な出来の悪いプログラムが納品されます。プログラマー自身も出来が悪いということを知っていながら納品するしかないのです。完成品を受け取った依頼主の上司は「これじゃダメだ」ということで設計図を描き直します。そして再びプログラマーに依頼します。

こういうことを何回も繰り返す人がいるのです。私の見たところでは、上司が設計図を練っている時間にプログラムが3回は書けそうでした。しかも設計図の描き直しを何回も繰り返しているようでは、無駄の量は10倍20倍になっていきます。これでは仕事は進まないし終わりません。

これは覚えておいてほしいのですが、**すべての仕事は必ずやり直しになります。**最初の狙いどおりに行くほうがまれなのです。スマホのアプリもWindows95も、あなたの明日のプレゼン資料もそうです。どうせやり直しになるのだから細かいことはおいておき、まず全体像を描いてしまったほうがいいのです。これがつまりプロトタイプを作るということになります。

もし上司が、最初からプログラマーと密な連携を取ってプロトタイプを作っていたらどうなっていたでしょうか。きっと無駄なプロセスが省けて、もっと早く仕事が終わっていたはずです。

石膏像を彫るとき、「眉毛」から始める人はいない

プログラムに限らず、大抵の仕事の全体図は実際にやってみないと描けません。企画書という紙の上だけで考えても大体思ったとおりになることはないのです。みなさんもそういう経験がおありだと思います。

ですからプロトタイプの作成に速やかに入り、ある程度まで作ったうえで、どのくらいの難易度かを考えつつ仕事を進めていくのが賢いやり方です。

プロトタイプを作らず愚直に細部を突き詰めていった場合、締め切り間際になって「ここは設計から作り直さなければならない」という事実に気づくことがあります。そうなると危険です。締め切り間際では、大枠の設計を変更する時間もないので、完成品はろくでもないものになります。

一方プロトタイプを作っていると、「ここは作り直さなければならない」という事実を早期に発見できます。そうしたら設計図を作り直せばいいのです。プロトタイプを作っている段階ならば、いくらでも直しが効きます。

よくこういった話を、石膏の彫刻の例を出して説明することがあります。石膏を削って胸像を作るとき、いきなり眉毛の一本一本にこだわって細い彫刻刀を使う人はいません。そんなことをしても、後になって全体のバランスがおかしくなって失敗するだけです。普通はまず大きく輪郭を粗削りするところから始めます。つまりプロトタイプを作るとは、そういうことなのです。

仕事が遅くて終わらない人が陥る心理として、「評価されるのが怖い」というものがあります。自分の仕事がどう評価されるのかが怖くて、できるだけ自分の中の100点に近づけようとしてブラッシュアップを繰り返します。しかしブラッシュアップすればするほど、もっと遠くに100点があるような気がして、いつまでたってもこのままじゃ提出できないという気持ちになります。そして、そうして時間をかければかけるほど、上司からはクオリティを期待されているような気がして、恐怖に拍車がかかります。

このループに陥る人の状態を**「評価恐怖症」**といいます。1章の「なるはや病」と同じく、日本の一部で蔓延している病です。評価恐怖症にかかった人は、自分の中での100点満点を目指すあまり、本来なら終わる仕事も終わらなくなります。

たしかにそうして仕事が遅れてしまう心理はよくわかります。粘り強くいいものを作ろうとする気持ちも決して失ってはいけないと思います。そして、そうした気持ちこそが優れた製品やサービスを作るのだとも思っています。

しかし、すべての仕事は必ずやり直しになる、くらいの覚悟が必要です。荒削りでもいいから早く全体像を見えるようにして、細かいことは後で直せばいいのです。そうした気持ちでいれば、評価恐怖症でいることも、あまり大したことではないとわかるはずです。あなたはプロトタイプを最速で作るべきなのであって、細かいところは後から詰めて考えればいいのです。

待ち合わせ30分前に、スタバでコーヒーを飲め

仕事は締め切り前に終わらせる。これは大前提です。そのため、1章で紹介したように、徹夜で仕事を終わらせようとする人が出てきます。

徹夜の危険性についてはすでに1章でお話ししたとおりですが、もう一つお話ししておきたいことがあります。それは誤差への対応です。

締め切り当日がゴールだと思ってラストスパートをかける人は、大抵最後の最後になって不足していた部分に気づき、慌てることになります。「全力でプレゼン資料を作ることに集中していたため資料のコピーを取ることを忘れていた」などが典型でしょう。

そうした思わぬ追加の仕事のことを私は誤差と呼んでいます。誤差のせいで完成してい

たはずの仕事が完成しなかった経験はみなさんあると思います。
こうした誤差による失敗はすべて、締め切り当日がゴールだと思っていることに起因しています。

10時に友人と渋谷のハチ公前で待ち合わせするときのことを想像してみてください。

5分前行動主義者のあなたは、9時55分に渋谷に着く電車に乗ります。しかし電車は遅れることがあります。運悪く電車が遅れてしまったあなたは、10時10分に渋谷に着くことになります。そして待ち合わせの相手に謝罪のメールを送ることになるわけです。

私はこういうとき、9時半にはハチ公広場から横断歩道を渡ったところにあるTSUTAYAのスターバックスで優雅にコーヒーを飲んでいます。そうして9時50分にはスターバックスを出ます。10時に待ち合わせだったら、9時半に近くのスターバックスでコーヒーを飲むというのが私のスタイルです。

ここで大事なのは、待ち合わせ時刻の30分前に近くのスターバックスにいるということです。つまり**私にとって10時にハチ公前で待ち合わせをするということは、すなわち9時**

半にTSUTAYAのスターバックスにいるということと同義なのです。

10時にハチ公前に間に合うようにする方法ではなく、9時半にスターバックスにいる方法を考えるというわけです。そうすれば自然と電車に乗る時刻も早くなりますし、電車が遅延したとしてもほとんどの場合間に合います。

この渋谷の待ち合わせの話が示唆することは、**締め切りの前に締め切りがあると考えなければならない**ということです。逆説的なようですが、締め切りに間に合わせようと考えていても、締め切りには間に合いません。しかし、締め切り前に締め切りがあると考えると間に合います。締め切りを狙ってはいけないのです。

花さえ用意できれば、裏で昼寝してもいい

友人との待ち合わせならともかく、仕事の締め切りに遅れてしまうのは絶対に避けたいものです。私はマイクロソフトにいたころ社長のビル・ゲイツと仕事をしていました。そのため彼の考えはよく知っているのですが、彼は待ち合わせや締め切りに遅れた人がする言い訳をこの世で一番嫌っていました。とくに論理的に言い訳する人を嫌うのです。どういうことかお話ししましょう。

たとえばあるパーティーがあるときに、ビル・ゲイツがあなたに花を用意してほしいと頼んだとします。あなたは花屋に電話をし、パーティー会場に花束を届けるように注文します。しかしパーティー当日、花屋から、雪のせいで配達が遅れるという電話が来ます。あなたは花が遅れるという旨をビル・ゲイツに伝えます。

こういうとき、彼は尋常じゃないほど怒ります。その怒りは、人が変わったのではないかと思うほどです。それだけ締め切りまでに仕事を終えることを重視しているのです。

あなたが命じられた任務はパーティーに花を用意することであり、花屋に注文をすることではありません。注文をするだけなら誰にでもできます。あなたは花を用意するために雇われているのです。であれば、いかなる理由があっても花を用意することができなかったのは100%あなたの怠慢であり、責任を負うべきだというのです。

ですから、もし花屋が雪の影響で配達が遅れるというならば、あなたはなんとしてでも花をパーティー会場に用意するための手段を考えなければいけません。車で近くの花屋まで行くとか、ほかの花屋に至急注文をするとか、そういった第二第三の案をただちに遂行しなければなりません。

あなたの任務は花を用意することです。花さえ用意できれば、パーティー会場の裏で昼寝をしていてもいいのです。だからこそ花は絶対に用意しなければならない。花屋に注文をすることは任務の一部でしかありません。言い訳をする人はそこを勘違いしています。

先ほどの待ち合わせの例でいえば、大抵の人は10時前に到着する電車に乗ることだと思っています。しかし本当の任務は、10時に待ち合わせ場所に着くことです。

このように自分の中で任務を再定義することが仕事においても重要です。私はビル・ゲイツほど厳しい人間にはなれませんが、自分の中で絶対にやらなければならないものとは何かを真剣に考えることは大事なことだと思っています。

ルーがなくてもカレーは作れる

ビル・ゲイツが仕事において重要視していることをあと2つ紹介します。

彼は複雑な問題をいくつかの独立した問題に分けるのがとても上手な人です。「困難は分割せよ」とはフランスの哲学者・デカルトの言葉ですが、分割術を最も実践的に行っているのはビル・ゲイツでしょう。

たとえば、こんな例で考えてみましょう。

ある日、ビル・ゲイツがカレーライスを作ろうとしたとき、なんとカレールーとニンジンがありませんでした。これではいつものカレーライスが作れません。しかしよく考えてみてください。ルーがないと絶対にカレーライスは作れないでしょうか？　ニンジンがないとカレーライスは作れないでしょうか？　そんなことはありません。ルーは市販のカレー粉で代用できるし、ニンジンはなくても一応カレーライスにはなります。つまり、ルーがないという問題と、ニンジンがないという問題は独立しています。だからここは慌てず、「ルーをどうするか」「ニンジンをどうするか」という分割された課題に、別々に当たればいいわけです。

ビル・ゲイツはその後、カレー粉とじゃがいもを使ってカレーライスを作っておいしくいただきました。

やや抽象的な話だったので、現実にあった事件を例に挙げます。

マイクロソフトがパソコンメーカーにソフトを依頼されたとき、ある技術的な問題により、パソコンメーカーから苦情が来たことがありました。クライアントがたいそう怒っているということで、社内は混乱していました。とにかく、原因の技術的問題を解消しなければこの問題は収まらない。マイクロソフトの社員はみんなそう思い込んでいました。

そんなとき、ビル・ゲイツは困難を分割しました。

技術的問題はクライアントの怒りからは独立した問題だと。どうやらクライアントが怒っているのは技術的問題よりも、担当者との性格の不一致に原因があったようです。そうして担当者は替えられ、クライアントをとにかくなだめる任務に就くことになりました。他方で技術的問題はエンジニアたちが全力で解決に向かってまい進していました。

こうしてクライアントとマイクロソフトの関係は、なんとか立ち直ったのです。技術問題と外務問題を切り分けることで、この事件は終息を迎えました。**ビル・ゲイツが「その問題とこの問題は独立している」とよく言っていたことを覚えています。**こうした課題の分割は、複雑な問題を効率的に解決するうえで重要なことだと思っています。

「出勤前の服選び」で疲れてどうする

話が脱線しますが、効率化といえば、「世界の偉人はいつも同じ服を着ている」ということが一部で知られています。たとえばフェイスブックのマーク・ザッカーバーグはいつもグレーのTシャツにジーンズをはいています。アップルのスティーブ・ジョブズは黒のタートルネックにジーンズをはいていました。オバマ大統領はグレーかブルーのスーツを着ています。

彼らはなぜそういうことをしているのでしょうか。それは彼らが日常のささいな決断の数を減らそうとしているからだそうです。日々たくさんの人と会い、様々な意思決定を行う彼らは、普段から大きな決断を迫られています。そのため会社の経営や政治に関わる重大な決断をするときに脳が疲れないよう、無駄な決断をしないようにしているのだそうです。無駄な決断とは、ここでは服選びのことを指します。

心理学では、決断や意思決定をする際に減少する気力のようなものを「認知資源」という名前で呼んでいます。この言葉を使うと、つまり世界の偉人は、認知資源を経営や政治のために温存しているということになります。服選びなどのつまらない決断で疲れるのを避けようというわけです。

私は認知資源という言葉は最近まで知らなかったのですが、「決断疲れ」を避けようとする偉人たちの気持ちはとてもよくわかりました。

私は毎日服を着る際、いつも箪笥《たんす》を3センチだけ開けて、一番手前にある服を着ることにしています。服で何か仕事に影響があるとは思っていないからです。服装が仕事のパフォーマンスに影響するならともかく、そうでないことがはっきりしているのに、服にいちいち気を遣う必要はあまりないのではないでしょうか。

服選びならともかく、もっと時間を取るものがあります。それは表敬訪問です。とくに用事はないけれども、ご挨拶という触れ込みで訪ねる不思議な文化です。あれは無礼の表明になりこそすれ、敬意の表明にはなりません。

ビル・ゲイツは私よりももっと先鋭化させた考えを持っています。最初に私が驚いたのは、彼が何らかの説明を社員から聞くときに、直接その社員からは話を聞かないことです。

彼は情報をかみくだき、彼にわかりやすく説明してくれる専門の社員を雇っていたのです。私たち社員は、ビル・ゲイツに何か説明をするとき、その専門の社員に説明をします。するとその専門の社員がビル・ゲイツにわかりやすく説明をするのです。

一般のスタッフの中には、説明がうまい人もいれば下手な人もいます。そんな中でビル・ゲイツがいちいち顔を合わせて聞いていたら、膨大な時間がかかります。だから彼は、コストをかけてでも、説明を聞く時間を効率化するために専門のスタッフを雇っていたのです。当時ビルは、常時二人の説明専門家を雇っていました。

さらに、彼が参加するプレゼン会議では、発表者が発表をする時間は設けられません。彼のいうプレゼン会議とは、発表者との質疑応答の時間のことを指します。したがってスライドを動かしながら説明をするといったことはしません。資料は前もって送り、当日、質問を受けるだけです。これは究極の効率化です。

そこまで効率化を図りつつも、しっかりと会議をする目的は果たします。会議室に入っていきなり「3ページ目の開発は、ほかのグループがやってるけど、君は知らないのか」など鋭い突っ込みが入ります。そして会議は最長で30分という時間が決められています。

ですのでちゃんと受け答えの準備ができていないと、うなだれて帰るのがオチになります。

ビル・ゲイツはとにかく仕事の効率化を図っている人です。私も彼ほどまでに厳しくはできませんが、ビル・ゲイツが世界一の大金持ちになった理由の一端は、彼の時間の使い方にあったのだと確信しています。

ビル・ゲイツの意思決定は光速

もう一つビル・ゲイツが仕事で重要視していたのは、"光速"と言っても過言ではない迅速な意思決定です。これについては、どのくらい迅速だったかを象徴するエピソードを紹介します。

あれは忘れもしない1995年1月、シアトルの冬らしい小雨の降る昼下がりのことでした。

米マイクロソフト本社内にはOSの開発に関する派閥争いがありました（OSとはマイクロソフトで言うWindows Vistaだったり、アップルでいうところのOS Xなどのパソコンやスマホを動かすための基本ソフトのこと）。”カイロ“というグループと”シカゴ“というグループの対立です。

もともとカイロが、前作のWindows 3.1に続く次世代OSを開発する予定だったのですが、カイロは進捗が悪く、そのあいだを埋めるためにシカゴというグループが結成されました。

シカゴはハッカーを寄せ集めた職人集団というイメージで、スタンフォード大学の博士号を取ったような人たちばかりのカイロとはまったく毛色が違いました。

私はもともとカイロに所属していたのですが、退屈なミーティングが多くて嫌だったので、上司と喧嘩したのをきっかけにシカゴに移りました。シカゴならカイロよりも風通しがよく、自分のアイデアもすぐ仕事に反映できると思ったからです。

シカゴに移った私は、カイロにいたころに取り組んでいたプログラムを一部持ち込んできました。一言でいえばアイデアを盗んできたということになりますが、同じ社内だし、そもそもそのプログラムをカイロで設計したのは私だったので、犯罪でも何でもなかったのです。

しかしその後、カイロの人たちに、アイデアをシカゴに持っていったことがばれ、怒られました。スパイだとも言われました。カイロの人たちは社長であるビル・ゲイツに直談判して社内裁判を開きました。

シカゴでの私の上司は、「今度ビル・ゲイツの前でプレゼンすることになったから、全部君に任せるね」とあっさり私に告げました。それにもびっくりしたのですが、それ以上に、カイロから送られてきた資料にも驚きました。約400ページの資料には、私がシカゴに移って組み上げたプログラムが、いかに張りぼてで手抜きかということが延々と書かれていたからです。

たしかにその指摘は間違っていませんでした。前述したように、私は「兵は拙速を尊ぶこそ仕事の要諦」と考えています。

早く仕事に着手することを起点にして、70点でも80点でもいいから速攻で仕事全体をまず終わらせてみることこそ重要という主義です。そういう風ですから、細かいバグが膨大にあったことは認めます。

しかしそれにしても、カイロの頭でっかちのサイエンティストたちは机上の空論ばかり振りかざしているように見えました。こんな細かい指摘ばかりしていては、いつまで経っても仕事は終わりません。この400ページの資料も全部読もうとしても眠くなってしまうので、数ページめくってからそっと閉じ、社内裁判に出席することに決めました。

プレゼンの日は刻々と近づいていましたが、プレゼン資料を用意する気にもなりませんでした。技術的に細かなことで闘うのではなく、これはマイクロソフトのカルチャーに関わる問題だということを明らかにしたほうが良いと思ったのです。カイロのような仕事の仕方では決してものは出せないことをビル・ゲイツに納得してもらうのです。

裁判当日、私は取締役会議用の会議室に通されました。そこには、マイクロソフトのトップ5のうち、営業の長であるスティーブ・バルマーを除いた全員が出席していました。副社長のブラッド・シルバーバーグとジム・オールチン、オフィス開発グループリーダーのブライアン・マクドナルド、上級副社長のポール・マリッツ、そしてビル・ゲイツ。このそうそうたる顔ぶれを見て、私はとんでもなく重大なミーティングに参加しているということに気づかされました。

こうなると緊張どころか、逆にワクワク感が募ってきます。

これだけのメンツがそろっている前で、自分の仕事の重要性を主張する機会は滅多にありません。机上の空論ばかりを繰り返しているカイロに負けるわけにはいかない。アドレナリンが血中に放出されるのを感じました。

裁判が始まりました。まずカイロ側が例の400ページの資料を出して、シカゴの仕事がいかに適当でダメダメかということを話しました。そのとき、私は400ページの資料を読んでいなかったことを後悔はしませんでした。私なりの戦い方の準備をしていたからです。

私の発言の機会が回ってきました。何も資料は作っていませんでしたが、一つだけ用意してきたものがありました。あるデータが入ったCD－ROMです。その中身を披露しながら、私はビル・ゲイツの目を見据えてこう言いました。

「カイロチームの主張にも一理あるけれど、完璧なアーキテクチャ（基本設計）を追い求めていては、永遠にものは出せません。Windows95のリリースはあと6か月に迫っています。いつになったらリリースできるかわからないカイロにマイクロソフトの将来を任せるというのは、どう考えても間違っています」

次世代OSをめぐるカイロとシカゴの戦いは、**どちらの時間の使い方が正しいかをかけた戦いでもある**のです。

ビル・ゲイツはこのあいだずっと両手を体の前に合わせ、少し前屈みで、体をゆっくりと前後に揺らしながら聞いていました。考えながら真剣に人の話を聞いているときの彼のスタイルです。

一通りの意見を聞き終えると、ビルの体の揺れが止まりました。「何か重要な発言をするのか」と私は身構えました。

しかし、ビルは単にポール・マリッツのほうを向き、目配せをしただけでした。するとポールが「ここでこのまま待つように」と言って立ち上がり、ビルと一緒に部屋から退出しました。恐らくビルの頭の中では結論が出たのでしょう。それをポールと再確認したうえで、最終決定として伝えるつもりなのです。

ビルとポールが退出していた時間はわずか3分ほどでした。けれども部屋には妙な沈黙が流れていて、私にはそれが1時間くらいに感じられました。部屋にいる全員が、次に彼らが部屋に戻ってきたときには、裁定が下され、それには誰も口をはさめないことを知っていました。

シカゴとカイロという莫大な開発費をかけた2つのプロジェクトの命運が、今日この場で決まるのです。

ドアを開いて、ポールを先頭に二人が部屋に戻ってきました。運命の瞬間です。

「カイロプロジェクトはキャンセルする」

開口一番、ビルはそう言いました。

カイロプロジェクトキャンセル。それはすなわち、4年にわたってカイロが開発していたOSをなかったものにするという意味です。その一瞬で、400人を超える大所帯のカイロを解散することを決めたのです。逆に言えば、シカゴで開発していたOSを、マイクロソフトの次世代OSとしてリリースする方針に決定したということでもあります。

その次世代OSとは何でしょうか？

それは、私が証言していたときに実際に動かしていたCD－ROMにすでに格納されていました。その中身は、シカゴに移った後に完成させていたベータ版のWindows95だったのです。

この裁判はまさに、私の提出した仕事が会社のトップに認められた瞬間でした。

そしてこの重要すぎる決断は、たったの3分で下されたのです。

現在の「右クリック」の概念は、こうして生まれた

ビル・ゲイツの話が続いたので、余談になりますが、私が米マイクロソフト勤務時代にカイロからシカゴに持ち込んだというアイデアについて少しお話しします。

それまでのＯＳでは、あらゆる操作をキーボードでのコマンド入力（コマンドと呼ばれる文字列をキーボードから入力し、コンピューターに命令すること）で実行していました。マウスは存在していましたが、まだ今ほど便利で優れたツールではありませんでした。では、Windows95で何が起きたのでしょうか？　それはみなさんおなじみの右クリックとダブルクリック、そしてドラッグ＆ドロップの現在の形への進化です。この概念を私は、ビル・ゲイツの前での公開裁判の中で披露した、ベータ版の中にすでに組み込んでいました。

みなさんご存じのとおり、Macintoshのマウスにはボタンが1つしかありません。これは昔からそうです。一方、Windowsにはボタンが2つあります。とはいえ当時は左ボタンを使うことがメインで、右のボタンは今ほど使うことはありませんでした。

しかしWindows95になってから、右クリックの使い勝手は飛躍的に向上しました。デスクトップ画面の何もないところで右クリックすることで、画面のプロパティやアイコンの整列などの操作をするメニューが開きます。テキストファイルの上で右クリックすると同様にメニューが開きます。

また、ドラッグ＆ドロップも大きな変化の一つです。たとえば、要らない文書ファイルのアイコンをクリックしたまま「ごみ箱」のアイコンの上に持っていけば、文書ファイルを削除することができます。Windows95はユーザーがパソコンに詳しくなくても簡単に操作できるように、グラフィカルな設計がなされたのです。今の感覚からするとずいぶん当たり前なことですが、当時としては画期的なことでした。

グラフィカルな設計といえば、ダブルクリックもそうです。文書ファイルのアイコンをダブルクリックすると自動的にワープロソフトの編集画面が立ち現われ、音楽ファイルのアイコンをダブルクリックすると自動的にプレーヤーが立ち現われて再生が始まります。ファイルをシングルクリックした場合、その後ユーザーが選択するコマンドは「ファイルの編集」「コピー」「転送」「再生」など、様々な種類が考えられます。しかしダブルクリックは、文書ファイルなら文書ファイル、音楽ファイルなら音楽ファイルといった対象を選択したうえで、ダブルクリックという操作をするだけで、自動的に「編集する」「再生する」といったコマンドが選択されるのです。

このように、何らかの対象（オブジェクト）を先に選択したうえで動作を指定することをオブジェクト指向といいます。

オブジェクト指向のわかりやすい例として、私たちがいつも使っている日本語が挙げられます。

あなたがテーブルの上の塩を取ってほしいとき、あなたは「すみません、塩を……」まで言葉にしたところで一呼吸置くと思います。それはなぜなら、「塩」という対象を指定した時点で、あなたが相手にしてほしいことは決まり切っているからです。相手もそれをわかっているので、「塩をどうしろっていうんですか?」なんて野暮なことは聞きません。

エレベーターに乗り合わせた人に「すみません、12階を……」と言うのも同じことです。これも12階という対象を指定した時点で、12階のボタンを押してほしいということは決まり切っています。

これはWindowsにおけるダブルクリックと非常によく似ていると思いませんか？ このようなグラフィカルでオブジェクト指向な機能を思いつくことができたのは、もしかしたら私が当時マイクロソフトで唯一の日本語話者だったからかもしれません。日本人的な会話の作法を取り入れた結果、Windows95が世界を席巻したと考えると、感慨深く思います。

先日も、深夜に口もききたくないくらい疲れ切ってタクシーに乗ったときに、この「オブジェクト指向」言語である日本語を理解する運転手（平たく言えば普通の運転手）に助けられました。そこでは次のような会話が展開されました。


「すみません、経堂まで……」

「はい、経堂までですね。道はどうしましょう？」

「あ、環七経由で……」

「はい、環七から赤堤通りですね」

（しばらくして）

「その信号を左に……」

「はい、ここを左ですね」

「それで、そこの行き止まりの所で……」

「はい、かしこまりました」

時間を制する者は、世界を制す

本章の最後に、結局時間を制するとどんなメリットがあるのかをおさらいしておきましょう。それは次の3点に集約されます。

①リスクを測定できる
②目に見える形のもの（プロトタイプ）を素早く作ることができる
③誤差に対応できる

まず、冒頭でリスクを測定できるというお話をしました。その仕事が締め切りまでに終わるかそうでないかを早期に判断することが、会社にとって非常に大事なのです。終わりそうにない、ということ自体は仕方のないことです。一番避けたいのは、締め切り間際になって「終わりそうにないです……」と言ってくることです。上司としては、早めに報告してくれればいくらでもリカバリーできるのに、ギリギリに報告されるのは正直困ります。でも前倒しで仕事の大半を終わらせるようにすれば、迷惑をかけることはありません。

次に、プロトタイプを作ることができるというお話をしました。プロトタイプとは、簡単に言えば70点でも80点でもいいので、仕事全体をいったん終わらせたもの（試作品）のことです。Windows95はバグが3500個あったという話を思い出してください。細かいところは後から直せます。ですから細部は後に回して、まず大枠を作って全体を俯瞰できるようにすることが大事です。

バグの数は絶対に0にはできません。ですから、許容範囲を見極めて早めに形にしてしまうほうがいいのです。バグを消そうとして頑張っていては、いつまで経ってもゴールにたどり着きません。

「評価恐怖症」のところでお話ししたように、100点の出来を追求しすぎると、自分の中でどんどん勝手にハードルが上がっていき、上司や顧客からの期待に応えられないのではないかという不安が増幅していきます。これではいつまで経っても仕事は終わりません。

すべての仕事は必ずやり直しになります。ですから、70点でも80点でもいいから、まずは形にしてしまうことから始めましょう。スマホアプリが延々とアップデートを繰り返している理由を考えてみてください。１００点の仕事など存在しないのです。それよりも**最速でいったん形にしてしまってから、余った時間でゆっくりと１００点を目指して改良を続けるのが正しいのではないでしょうか。**

最後に誤差に対応できるというお話をしました。これは渋谷に10時に待ち合わせをするという比喩がわかりやすかったと思います。9時55分に渋谷に到着する計画では、遅れてしまう可能性が十分あります。そうではなく、30分前に近くのスターバックスにいることも含めて待ち合わせだと考えてください。私にとって、10時に渋谷で待ち合わせというのは、すなわち9時半にTSUTAYAのスターバックスにいることと同義なのです。

また、ビル・ゲイツがあなたに花を用意させる話もしました。花を用意するという任務を与えられた以上、あなたは花屋がいかなる理由で花を届けることができなくても、責任を持って花を準備しなくてはなりません。あなたの任務は花屋に花を注文することではなく、花を用意することなのです。待ち合わせの例でいえば、待ち合わせというのは10時前に到着する電車に乗ることではなく、10時に絶対に待ち合わせ場所に着くことなのです。

このように自分の中で何を守るべきなのか、何が任務なのかを再定義することが仕事でも重要です。責任感を持つことで自分のやるべき使命がはっきりします。

以上の3点を本章前半で紹介していきました。また、後半では私のマイクロソフト時代の話やビル・ゲイツの話をしていました。

「時間術の本なのになぜこんなにエピソードが多いんだ」と思われる読者の方もいることでしょう。

まずビル・ゲイツの話は、時間術を極めれば世界一の大金持ちにすらなれる可能性を示唆させていただいたものです。またマイクロソフト時代の話は私にとって、そして私の仕事のやり方をみなさんに知ってもらうにあたって、非常に重要なのです。

なぜなら私がみなさんにお話しする仕事の仕方は、次の3章でお話しする、プログラミングの仕事をしてきた半生の中で生まれてきたからです。

そこで、続く4章では、引き続き「時間術を極めるとどんないいことがあるのか？」の話と並行して、「ロケットスタート時間術はいかにして生まれたか？」についてお伝えしていきたいと思います。

私は時間術の本を書くほどですから、子どものころからかなり効率について意識しながら生きてきました。ですから、私がいろいろな場面で何をどう考え生きてきたかをお話しすることは、ストレートに「効率的に生きている人間は常々何を考えているのか？　時間術をどう日々の生活の中に落とし込んでいるのか？」をみなさんにお伝えするいい方法だと考えました。

ロケットスタート時間術が、仕事の中だけでなく、学生時代の生活、勉強しているときなどのあらゆる生活の場面に、存分に生かすことのできるものなんだということを想像していただきながら読んでもらえればと思います。

3

「ロケットスタート時間術」はこうして生み出された

何としても宿題を終わらせて海に行きたかった

2章では「時間を制する者が世界を制する」ということで、時間術があなたの仕事にどんな恩恵をもたらすかを見ていきました。その恩恵とは、

①リスクを測定できる
②目に見える形のもの（プロトタイプ）を素早く作ることができる
③誤差に対応できる

の3つでした。また、私がこの3つの恩恵のおかげで、マイクロソフトで大きな成功を収められたというお話もしました。

本章では、私が現在に至るまでにどのような経験をしてきたのかをお伝えしたいと思います。ロケットスタート時間術はいかにして生み出されたか？　さらに、ロケットスター

ト時間術は、どのような場面に応用できるのか？　についてのお話です。

少し戻りすぎでは？　と思われるかもしれませんが、まずはマイクロソフト時代よりももっと昔、私が小学生だった時代の話から始めなければなりません。なぜなら、私が時間の使い方について生涯をかけて考えることになったきっかけが、この時代にあるからです。


あれは忘れもしない、小学3年生の夏休みのことでした。小学生の夏休みといえば、学校のプール、家族旅行、自由研究など、楽しいことはたくさんあります。そしてもちろん、学校の宿題も。

きっとみなさんも苦しまれた記憶があるように、私も宿題がとてつもなく嫌でした。絵日記は毎日つけていたものの、漢字の書き取りや読書感想文なんかは、ずっとほったらかしにしていました。

そんな風に宿題を残したまま、遊んで暮らしていた小学3年生の夏休みが終わる3日前のこと。私が必死に漢字の書き取りをしていると、親戚のおじさんから家に電話がかかってきました。内容は「海に遊びに行かないか？」。

電話を取った母親は「宿題も終わってないのに、海に遊びに行ったりしてる場合じゃないから」と、私を外に出してはくれませんでした。

私はその瞬間、果てしない後悔を覚えました。

もし漢字の書き取りを早く終わらせていたら。もし読書感想文を早く書いていれば。もし宿題を早めに終わらせていれば、海に遊びに行くことができたのに。

行けるかもしれなかった海を想像しながら宿題をするのは、とてもつらかったことを覚えています。

1年後、私のマインドセットは去年とはまったく違っていました。また海に行けなかった、という事態になってはいけない。宿題をほったらかしにしてはいけない。

そう決意した私は、夏休みが始まったその日から、漢字の書き取りに着手しました。算数のドリルなんかは、もともと理科に興味があったということもあり、すらすらと終わっていきました。小学校の成績は理科と算数が4か5で、あとは2か3。小学生のときから正真正銘の理系だったのです。

ただ読書感想文は、かなり辛かったのを覚えています。本を読むのはいいけれど、その感想をわざわざ作文にして人に読ませるということの意味が理解できなかったからです。私の「意味がわからないことはやりたくない」という性格はこのころからできていたのだと思います。

子どもにとって、目標を立てて自分を律するのは難しいことです。私も去年「宿題が終わっていなかったせいで海に行けなかった」という後悔がなければ、一人で淡々と宿題をやり続けることはできなかったと思います。母親は、宿題を早めに終わらせようと奮闘する私を見て、呆れたような顔をしていました。

そうして苦しみながらも、夏休みが始まって約2週間で、宿題は終わりました。もちろん、2週間一切遊ばなかったわけじゃありません。ただ、小学生って一日中ずっと予定があるわけではないですよね。そんな、何もすることがない時間に宿題をやるようにしていました。

夏休みは全部で5週間くらいあるので、残りの3週間は遊んですごせることになります。自分の好きなように予定を立てることができるわけです。

もちろん、おじさんに海に誘われたとしても行くことができます。

ただし日記は2週間で終わらせられなかったので、残りの3週間もずっと書き続けていました。さすがに7月中に夏休みの終わりまで予想して日記をつけるわけにはいかないですからね。いずれにしても、私が初めて課題を前倒しで終わらせたのは、この小学4年の夏休みのことでした。

大げさではなく、私の人生が変わった瞬間でした。

予習は、最強の時短になる

そうして小4、小5、小6と、夏休みの宿題は、いつも前倒しで終わらせるようにしました。あの小3のときの失敗と、小4のときにそれを乗り越えた経験のおかげで、私はとにかく前倒しでやる習慣が身に付いたのです。

その習慣は中学に入ってからも続きます。中学になって初めての定期試験で、私は試験の前日に慌てて勉強してしまいました。とはいえ、試験のために勉強するという行為自体が初めてだったので、たいした勉強はできなかったのですが。

結果は、あまりよくありませんでした。そんなにダメというわけではなかったのですが、小学校のときのように、すらすら解けなかった。これは1週間前からコツコツと勉強をしないと次からは失敗するぞ、と悟りました。

当時、クラスメイトのF君が「徹夜で勉強をしてきた」と、試験日に言っていました。彼は試験はまったくできず（ひょっとしたら私よりも点数が悪かったかもしれません）、私は詰込みの勉強法では試験に太刀打ちできない、ということを彼に学びました。寝ないと頭が働かない。そうすると本来発揮できるはずのパフォーマンスさえも発揮できなくなる。だから試験前はなるべくたくさん寝ていく。これは中学の試験から現在まで貫き通している私のポリシーです。毎日勉強していれば、試験前に慌てて時間を取る必要もない。そのことに気づいたのです。

中学と小学校との違いといえば、やはり英語という新たな科目を勉強しなくてはならないところです。私はもともと国語はからっきしでしたが、英語は勉強しなくてはと思っていました。理系の研究者になるからには、英語は必須、と子どもながらに考えていたからです。

とはいえ、やはり最初から英語の才能があったというわけではありません。まったく理解できなかったし、わからないからますます勉強をしたくなくなる、という負の循環がありました。

その循環を断ち切るために、私はある勉強の仕方を始めることにしました。それは授業の前に、その日の分の教科書の英文を、全部訳しておくという方法です。

言葉にしてみると何ということもないかもしれませんが、やろうとすると意外と大変です。今でこそ英語を読むのは簡単なことですが、当時はそもそも英語に触れること自体がほとんどなかったのですから。

しかし、自分が何もわかっていないことを、授業で初めて教わってその場で理解していくという勉強過程も、なかなかハードなことだと当時の私は感じていました。それよりも事前に予習をしておいて、授業でその答え合わせをしていく、といったやり方のほうが頭にすっきり入ってくるのです。

ここで、みなさんに一つ質問です。

授業前に毎回頑張って予習をして、試験には余裕でのぞむ。

予習をせずに、試験前に苦労して寝不足の頭で当日を迎える。

どちらがいいでしょうか？　私は前者のほうが時間も節約できるし、何より勉強内容が頭に入ってくると考えました。ただそれだけのことです。

予習の段階ではとにかく、わからないところは飛ばして全部訳していく。そうして授業を受けると、わからなかったところが埋まっていきます。授業でも理解できなかったら、先生に質問する。英語の勉強はそれで終わりです。試験前も勉強という勉強はせず、ノートを読み返す程度でした。

予習そのものも勉強になりますが、もっと重要なのは、授業そのものです。予習は自分がわからないところを明確にするための準備にすぎません。本当の勉強は授業中にするのです。授業で自分がわからなかったところを解決すれば、それが勉強になります。

その意味で、板書をノートにとることに授業の大半を費やしている人ばかりだと思いますが、これほど膨大な無駄に私はいまだかつて出会ったことがないと言えるほど、無駄中の無駄です。

あなたの授業での仕事は、ノートを取ることではありません。わからないことを理解することです。

もし予習をしなければ、自分の理解できているところ、理解できていないところがあやふやなまま授業を受けることになります。そんな状態で受けた授業は、ただ先生の話を耳に入れるだけで終わり、本当の勉強にはなりません。ですから授業を真に実のある時間にするためには、予習こそが肝なのです。

予習をするメリットは授業の内容を適切に理解できるという点だけではありません。**授業を最大限に活用することで、復習や試験前の勉強の時間などを削ることができます。**すなわち、時間の節約になるのです。

授業では、予習で理解できなかったところに注目して勉強すればいいだけです。逆に言えば、予習で理解できたところは勉強しなくてもいいのです。

中学にもなると授業中に居眠りをする生徒も出てきますが、私に言わせればそれも時間の無駄。授業で聞いていなかったところを、また後でわざわざ勉強しなくてはならないのですから。

この英語の勉強法も、「前倒し」の精神が生み出した時間術のプロトタイプなのだ、と今では思います。

本当は受験勉強さえ効率化できる

私は高校受験を控え、早稲田大学の付属高校を受験することに決めました。理由は単純で、東京大学に進むためには国語と社会科目を勉強しないといけなかったからです。いい大学には行きたい。けれども一番の大学である東大に入るには、自分の嫌いな科目を受けなくてはならない。さすがに国語と社会科目を捨てて受かるほど東大は甘くない。ならば東大にはもうこだわらなくていいけど、次くらいにレベルの高い大学に入りたい。私立なら早稲田だな、ということで早稲田を選びました。

そして早稲田大学に入ることが目標なら、もういっそ付属高校から入ってしまえというシンプルな考えでした。付属高校に入れれば、普段の成績さえ良ければ、受験なしのエスカレーター式で早稲田大学に入ることができます。わざわざ高校受験を通過したのに、またそこから3年間大学受験のための勉強をしなければいけないというのが、なんとも時間の無駄のように感じたのです。

高校受験に際しては効率を重視して作戦を立てました。試験の成績に加味される内申点については授業中に質問していたおかげで先生から高評価を受けていましたし、英語と数学は日々の勉強のなかで十分に理解していました。

ちゃんと予習をして授業を受けていれば、受験勉強さえ効率化できるというわけです。受験勉強が無駄というわけではありませんが、私はとくに勉強が好きな子どもというわけでもなかったので、嫌いな勉強はできるだけしないようにしていました。つまりこの時間術は、嫌なことをなるべくしないで済む、すなわち、好きなことだけに目一杯時間を使うためにも活用できるのです。

早稲田付属高校の受験科目は英語と数学と国語でした。私の受験年のボーダーラインは

167点。数学は80点取る自信がありました。国語は嫌いな科目でしたが、しょせんは日本語なので勉強しなくても40点は取れる。というわけで、合格するために英語で50点取るという目標が自動的に成り立ったのです。

タイムマシンを作るのに漢字は要らない

勉強がよっぽど好きな人なら、こんな目標を立てずにとにかく勉強をするでしょう。でも正直なところ、勉強はできるだけしたくないですよね。私もそうでした。勉強よりも、好きなこと、やりたいことがある。だからそのためにいかに効率よく、楽に試練を乗り越えるかということばかり考えていました。

早稲田の付属高校を受けたのも、言ってしまえば高校で社会科目を勉強したくなかったからです。社会科目はとにかく暗記勝負です。歴史上の人物も地名も、覚えていなければ答案は埋められません。

その点数学は楽です。暗記することはほとんどなく、方程式をもとに論理的な思考を心がけさえすれば絶対に答えが導き出せます。言いかえると、数学は挽回の可能性があるのです。しかし社会科目には挽回の可能性がありません。覚えていないことはどうあがいても答えられない。私が社会科目が嫌だったのは、そういった理由があるからでした。

国語が嫌だった理由も同じです。国語は、読解はともかく、漢字を覚える必要があります。でも私は漢字を覚えなければならない、ということにまったく納得できませんでした。

それにはこんな理由があります。

中学に入ってから私は物理学の本を読み、物理学の世界にハマっていきました。大学では物理学の勉強をして、タイムマシンを作りたいとも考えていました。でも、タイムマシンを作るために漢字は必要ありません。それよりもむしろ、英語の研究論文を読んだりする必要はあると思っていたので、英語の成績ばかり伸びていきました。とにかく自分で納得できないもの、自分に必要ないと思っていたものは、やらない方向で生きていたのです。

余った時間で、好きなことに打ち込む

無事、受験に合格し、早稲田大学高等学院に入学した私は、相変わらず予習をして授業を受けていました。そうすることで授業の内容がすっきり頭に入るだけでなく、無駄な勉強の時間を削り、効率的な学習ができるからです。これは高校でも通用する勉強法でした。そうして遊ぶ時間を確保したものの、何をしたらいいかわからず時間を持て余していた私に転機が訪れました。

それは高校2年生の時。親からコンピューターを買ってもらったのです。

1977年当時のコンピューターといえば、たくさんの基盤を自分ではんだづけして組み立てるような、とても原始的なものでした。

私は初め、コンピューターは人間の「脳」のようなものだと思っていました。人間の脳にたくさんの情報が入っているように、コンピューターもたくさんの情報を詰め込んでいる。そして外からの反応に対して何かを考え、適切な情報を一つ、あるいは複合的に出力する。そういったところが、脳とコンピューターは似ているなと思っていました。

けれどもじつは脳とコンピューターは決定的に違っていました。それは、脳が複数の出来事を同時に考えられるのに対して、コンピューターは一度に一つのことしか考えられないという点です。

人間は、話している相手の言葉だけではなく、表情や今まで話してきた文脈など様々な要素を考慮したうえで言葉を解釈します。たとえば「君はバカだなあ」と相手に言われたとしても、相手が笑っているのか真剣な顔をしているのか、世間話で盛り上がる飲み会の場なのか、仕事でミスをしたときのことなのか……。そういった外部の要素によって言葉の意味がまるっきり変わります。

一方、コンピューターは入力された言葉そのものにしか反応しません。コンピュータープログラムとはまさにそういうもので、入力されたことを一つひとつ順番に実行しているだけなのです。それが脳とコンピューターの大きな違いです。私はその違いに大きな魅力を感じました。数学や物理のように、与えられた方程式によって答えが一意に定まるからです。

私はコンピューターを使い、さっそくプログラミングを始めました。今のパソコンとは違い、コンピューター上で何をするにもプログラムを入力する必要がありました。まだマウスすら存在しない時代です。雑誌に載っていたゲームのプログラムを打ち込んで、コンピューターで遊んでいました。プログラムは長く、一つのゲームをプレイするのに2、3時間費やさねばなりませんでした。途中で電源が落ちて、最初からやり直しになったりと、楽しい時代だったものです。

プログラミング言語に関しては、最初はまったく意味がわかりませんでした。けれども雑誌に載っているプログラムをただひたすら、幾度も幾度も書き写していると、ある日突然プログラムの意味がわかるようになったのです。不思議な感覚でした。

これは英語も似たようなものだと思います。わからなくてもいいから何回も書き続けたりしゃべり続けたりする。そうしているうちに、ある日突然「悟る」のです。私はプログラムを「悟った」あの瞬間の興奮を今でも忘れません。そしてその瞬間こそが、私がプログラムの世界に足を踏み入れた瞬間なのです。

プログラミングを習得して以来、私は自分でプログラムを作成するようになりました。アセンブラ（コンピューター動作を直接的に記述したプログラムを、コンピューターが理解できる数字の羅列に変換するソフト）やデータベース（たとえば住所録などの様々な情報を格納するためのソフト）などのプログラムなどを書きました。ただプログラムを作るだけではおもしろくないので、その完成品を、企業向けコンピューター雑誌を刊行していたアスキー出版に持ち込みに行きました。

今でこそアスキーは角川グループのアスキー・メディアワークスとしての総合出版社というイメージですが、当時のアスキーはとにかくコンピューター系情報を発信する会社という立ち位置でした。

具体的には、ＮＥＣが新型のコンピューターを出すときのデモプログラムを作ったり、コンピューターを売るためにおもしろいゲームを作ったり。「パソコン業界全体のための広告会社」といったイメージです。広告とはいえ、内部は完全にＩＴ技術者集団がソフトウェアを開発していたわけですが。そのような背景があり、１９７８年にはマイクロソフトと代理店契約を結び、「アスキーマイクロソフト」となりました。

しかし１９８６年にはマイクロソフトが自社で日本支社を作ることになり、アスキーとの契約が終わります。その後はよく知られているとおり、２００８年にメディアワークスに吸収合併、２０１３年にはＫＡＤＯＫＡＷＡに吸収合併され、今に至ります。私がアスキーで仕事をしていたのは77年から82年にかけてのあいだです。

アスキー出版に持ち込みをする高校生というのはとてもめずらしかったようです。そもそも『アスキー』は企業向けの雑誌なのであまり学生は読んでいないですし、読んでいても高校生は学業があるので、プログラミングしている時間などふつうありません。

けれども私は、普段から無駄な勉強をしないように効率化を図っていましたし、何よりも付属高校なのであまり受験を意識した勉強をする必要がなく、のびのびと自分の好きなことに打ち込めたのです。無意識のうちに大きなスラックを獲得していたのです。そうしてアスキー出版に自分のプログラムを持ち込みました。

一つ目の作品はボツを食らいました。ただそのとき、「こういうプログラムならおもしろいから載せるよ」というアドバイスを編集者にもらい、私はそれに従って2作目を作りました。2作目は編集者の言うとおりのものを作ったのですんなり通過し、雑誌掲載が決定しました。こうして今後数年間にわたる、私とアスキーの関係が始まりました。

嫌なことをやりたくなければ効率化するしかない

『アスキー』に私の作ったプログラムが載ったことをきっかけに、私はアスキー出版でアルバイトをすることにしました。

毎日学校が終わったらすぐ南青山にあるオフィスに行き、ひたすらプログラミングをしていました。とにかくプログラミングは楽しかったので、ときには終電を逃して会社の人に車で家まで送ってもらったこともありました。一番働いたときは月140時間も働いていました。異常な労働時間だったので、学生にしては生意気な額の給料をもらってもいました。

付属高校だから受験勉強をしなくてもいいとはいえ、定期試験の成績が良くないと好きな学部に進学できないという制約もありました。私はプログラムを始めてから、大学でもコンピューターの勉強をしたいと思っていたので、早稲田の理工学部に入るために成績は上位をキープしておく必要がありました。

勉強もしなければいけないけれど、アルバイトも忙しい。中学のときももちろん勉強の効率化には尽力していましたが、アルバイトを始めてからは、さらにそれを先鋭化させました。国語と社会科目は捨てていたので、もはや国語と社会科目の時間に英語の勉強をするといったことまでしていました（もちろん先生には怒られましたが……）。すべては大好きなプログラミングの時間を取るため。**やりたいことをやるためには、やりたくないことを速攻で終わらせるしかないのです。**

試験前もアルバイトはやりたかったので、中学のときと同様に、普段から予習をまじめにすることで、試験前の重点的な勉強を省くようにしました。

勉強量は少なく、成績は高く。嫌いな勉強を倒すために、とにかく効率化しました。

試験前の学校の授業は、先生が自習の時間を作ってくれたり、試験範囲が終わって授業が早めに切り上げられたりして、時間に余裕が生まれます。その余裕に全力で試験のための復習をしていました。余った時間に何もしないいんじゃ、もったいないです。当時私が一番ハマッていたことはプログラミングでしたが、学校じゃプログラミングはできない。じゃあその時間は勉強しよう。そういう簡単なロジックで勉強していました。

社会や国語の勉強は本当に嫌いでしたが、やらないと好きなこともできなくなるので、とにかく嫌いなことをする時間を減らそうと努力しました。でも嫌いなことには集中できない。集中できないなら効率を上げるしかない。それだけを信じて突き進んでいました。

言葉で説明できなければ、先に形にしてしまえ

早稲田大学に入学してからもアスキーで仕事をしながら学業を続けるというスタンスは変わりませんでした。しかし、ある時に事件が起こります。

アスキーの著者の一人が、私の書いたプログラムを別のパソコンに移植し、そのロイヤリティー（権利への対価）として多くのお金をもらっていたのです。プログラム自体は私が書いたのにもかかわらず、私はいちアルバイトにすぎなかったため、労働への対価は支払われませんでした。

それに憤りを感じた私はアスキーのアルバイトを辞めました。しかしプログラミングは好きで続けたかったので、フリーのエンジニアとしてアスキーにソフトを売るという形で仕事を続けることになりました。それならばロイヤリティが支払われるからです。

ところでソフトウェアの世界では、得てしてハードウェアの進化に追随して新しいものが生まれていきます。なぜなら、ハードウェアの性能が上がらないと以前よりも優れた性能のものを作ろうとしても限界が来るからです。

そのときちょうど、日本電気（ＮＥＣ）がＰＣ‐９８００というパソコンを発売しました。これはパソコンに初めてマウスが付いた画期的な製品でした。私はこれを見て、「もしかしたら新しいことができるのではないか」と思いました。

それで私が作ったのが「ＣＡＮＤＹ」というソフトです。機械や電気機器の設計図を作るためのソフトです。設計図を作るソフトはＣＡＤ（キャド）といい、今までは大きなコンピューター専用のソフトだったのですが、それを家庭用のパーソナルコンピューターで世界で初めて使えるようにしたのがＣＡＮＤＹです。

ＣＡＮＤＹを開発している間はその過程をいつもアスキーの人に見てもらっていました。そのときに気づいたことがあります。

それは、アイデアをなるべく早く目に見える形にすると、フィードバックを早く得られるということです。

CANDYは完成するまでに6か月かかりましたが、じつは最初の2週間で私は「なんちゃってCANDY」を作っていました。2章でお話ししたプロトタイプです。

なぜそんなことをしたのかというと、やはりCANDYが前例のないソフトだったからです。先に言ったように、パーソナルコンピューター上で動作するCADのソフトというのはそれまで存在しませんでした。そんなソフトの企画書を作って見せても、アスキーの人が理解してくれないのは明白でした。

だから私はプロトタイプを作ったのです。これがこうなってこんなものができますよ、というコンセプトを見せることで、アスキーの人も納得してくれるだろうと考えたのです。

結果、プロトタイプに対して様々なアドバイスをもらうことができ、開発も順調に進めることができました。百聞は一見に如かずで、言葉で説明することが難しいときは形にして見せてしまうのが一番いいのです。

これはどの仕事でも同じです。**企画を形にする前に、「そもそもどういうものなのか想像できない」とか「予算はあるのか」とか「商品になる保証はあるのか」とか、そういったことを言われて仕事を中断するのはもったいない話です。**

企画はとりあえず形にしないとゴーサインをもらえませんし、予算は付きませんし、商品になる保証もされません。だからプロトタイプを作ることが必要なのです。もしプロトタイプを作っている時点でダメだったら捨てるだけです。それで無駄になるのはせいぜい2週間程度のものですから、大したダメージにはなりません。

そうして完成したCANDYですが、史上初のパソコン上で動くCADのソフトということで大きな人気を博しました。そのおかげで学生の身でありながら1億円を超えるロイヤリティーを受け取りました。

そのお金をどうしたの？　と思う方もいるかもしれませんが、私は当時からお金に興味がまったくなかったので、ほぼ全額を貯金しました。

結婚してからそのことを妻に明かしたのはNTTを辞めてマンションを買うときだったので、「NTT時代に（妻がやりくりをして）節約して生活していたのは何だったのか」と怒られました。

妻には申し訳なかったですが、私にとっては、お金を得ることもいい暮らしをすることも重要なことでは一切なく、好きなことを目一杯できることのほうが、よほど大切なことだったのです。だからそのお金のことは長らく忘れていたのです。

「まず作ってみる」が、未来を変える

大学卒業後は、早稲田の大学院で相変わらずコンピューターのソフトを開発していました。大学院の修士課程を修了した後は、NTTの研究所に就職しました。自分は実務より研究のほうが向いていると思ったからです。NTTを選んだのは、当時、通信研究の日本最大手だったから、という理由です。

しかし、入社して14か月後のことです。アスキーがマイクロソフトと結んでいた代理店契約が切れ、マイクロソフトが日本法人を作るというニュースが私の耳に飛び込んできま

した。さらにそのニュースによると、私がアスキーでアルバイトをしているときにお世話になっていた15人の方が、マイクロソフトに移ったということでした。

私はマイクロソフトの社長に就任が決まった古川享《すすむ》さん（現・慶應義塾大学大学院メディアデザイン研究科教授）に電話をしました。「なんでマイクロソフトに誘ってくれないんですか。水臭いじゃないですか。僕がやりたくないわけないじゃないですか」と。そうして私もCANDYを開発したという実績を買ってもらい、NTTを辞め、日本法人のマイクロソフト株式会社に移りました。

マイクロソフトでは、主にアメリカのソフトの日本版を作る仕事をしていました。縦書きができるようにしたり、漢字変換ができるようにしたりなどです。

漢字変換といえば、ジャストシステムが作っているATOKがよく知られています。ですから、漢字変換はジャストシステムに作ってもらおうとしました。あとはOSにATOKを装備するための仕組みを作る必要がありました。

しかし、仕組みだけを提供するというのはなかなか難しいのです。こちらがATOKのデザインを想像して仕組みを作ってもうまくいく保証はありません。「ここがこうなっていないとできません」「じゃあここはこうします」といったやり取りが必ず行われます。しかしそうしていては納期に間に合わない。

そこで私は最初に「なんちゃってATOK」を作りました。単語は10個程度しか変換できないのですが、それでもOS上でちゃんと動作する仕組みを作ったのです。そしてその仕組みをジャストシステムに渡し、充実した漢字変換の実装を依頼しました。これもCANDY開発の際に気づいた、「まずプロトタイプを作る」という仕事法が生きた結果です。

3年半日本法人で働いた後、ついに1985年にアメリカのマイクロソフト本社へ移ることになりました。そこで私はマイクロソフトの次世代OSの開発を任されました。次世代OSの開発グループはなんと6、7人しかいませんでした。私はそのなかの一人だったのですが、英語があまり得意ではなかったので、どうも会話についていけませんでした。

それを見た上司は私に「何か考えてることがあるなら、プロトタイプを作ってみたら」と言いました。そうして私は相変わらずプロトタイプを作ることにしました。

本物ではなくてあくまでプロトタイプでいいということで、デザイナーに近い仕事をしていました。具体的にいうと見た目や操作性などの基本設計（アーキテクチャ）を生み出す仕事です。開発グループでは次世代ＯＳのベースになるソフトウェアモジュールを作っていましたが、私はそこから外れ、一人プロトタイプの作成にいそしんでいました。

半年後、完成したプロトタイプを上司に見せることになりました。私が緊張しながら片言の英語で説明をしていると、上司は「やはり目に見える形にするのは良い。これからいろいろな人にデモしてもらうことになると思う。よろしく頼むよ」と言いました。

それは私にとって最高の褒め言葉でした。ろくに英語もしゃべれないままシアトルに来た私にとって、「会社のために何か役に立つことができた」と実感できた最初の経験でした。

その後も、上司やいろんな部署の人が私の部屋に来るたび、私は喜んでプロトタイプのデモをしていました。そんなある日「来月の頭に、もう少しちゃんとした場所で、プロトタイプのプレゼンをしてほしい。30分ほど時間をあげるから、用意しておくように」と言われました。

「ミーティングの席ですらまともに話せないのに、英語でプレゼンなんて無理」という私に、上司は「何とかなるよ。君が作ったプロトタイプなんだから、君がプレゼンして当然だ。プロトタイプが良くできているんだから心配ないよ」と気楽に笑うのです。こんな経緯で、英語でプレゼンをすることになってしまった私は、とにかく恥をかかないようにするにはどうすれば良いかという作戦を立て始めました。

最初に決めたことは、スライドは一切使わず、プロトタイプのデモだけに専念することでした。プロトタイプのデモを命じられたのだから、細かい技術の話はせずに、とにかく見ている人に「次世代のユーザー体験はどうあるべきか」をわかってもらうことが一番です。そのためには、それだけで30分飽きさせないデモをする必要があります。

そこで、「次世代OSを入手したユーザーが、ユーザー登録をし、ワープロをインストールし、文章を作成し、プリンターを接続し、書いた文書をプリントする」という一連のユーザー・シナリオを30分かけてデモすることにしました。

プロトタイプ上のデモを斬新で魅力的なものにすれば、見ている人の意識はほとんどそちらに行くし、私自身は「これからワープロをインストールします」などの補足的なことを言うだけで十分です。

企画を早く形にした者がチャンスをつかめる

当日、会議室まで上司に連れられていった私は、「場所を間違った」と思いました。それは単なる会議室ではなく、1000人近く人が入れる大ホールだったのです。それも、観客席にはぎっしりと人が座っています。

「まさかこの会場でプレゼンするわけじゃないですよね？」

「ここだよ。マイクロソフトが毎年開催しているカンファレンスなんだ。パソコンメーカーやソフトウェアメーカーの重役たちが来ているから、マイクロソフトがどんなものを開発しているかをデモする絶好の機会なんだ」

せいぜい十数人くらいの、それもマイクロソフト社内の人たちに向かってプレゼンするものとばかり思い込んでいた私の背中に冷や汗が流れました。

まさか、1000人近い観客の見ている前でプレゼンをすることになるとは夢にも思っていなかったわけですが、いまさら断るわけにはいきません。「やるだけやってみるしかない」と自分に言い聞かせるしかありませんでした。

少しすると上司が壇上に立ち、「これからマイクロソフトが開発している次世代OSのデモをご覧いただく。まだ開発中のものだが、社外の人たちに見せるのは今日が初めてだ」とアナウンスし、私に目配せをしました。

私の頭の中に「プロトタイプって言わなかったけどいいのかな」という疑問が浮かびましたが、とにかくこのプレゼンを無事にこなすことだけに全神経を集中していた私にとっては、どうでもいいことでした。

壇上に上がると、数百人の観客の目が私にそそがれます。深呼吸をして、デモをスタートさせます。

「これがユーザーがOSをインストールしたばかりの状態です。最初にすることはユーザー登録です」

練習しておいたシナリオどおりにデモを進めます。ほとんどが画面上の操作を見てもらえればわかるように作っておいたので、言葉を挟むのは要所要所だけでいいのです。プロトタイプも順調に動作してくれています。

観客はとても静かでした。私のデモを期待を込めて見ているようにも思えましたが、「なんてつまらないデモをしているんだ」とあきれているようにも思えました。その静けさが、私の緊張感を一層強めました。

ワープロをインストールし、文書を作り、プリンターの文書をドラッグ&ドロップしてプリントさせます。デモはすべて順調に動いてくれました。

「以上で、デモは終わりです」

私がデモを終了すると一瞬の間の後に、会場から大きな拍手がわき上がりました。デモは大成功でした。日本から出てきたばかりで英語が片言しか話せないからこそコアの開発チームから外れて、一人でプロトタイプを作っていた私のプログラムが、世界に向かって

「次世代のＯＳ」として発表されてしまったのです。

私自身だけでなく上司もその上司もこれが単なるプロトタイプにすぎないことは十分承知していたはずですが、それがプロトタイプだということを知らない観客から見れば、本当の次世代ＯＳに見えたことだと思います。

余談になりますが、マイクロソフトはベーパーウェアという戦略が得意です。**まだ完成してもいないものを発表して、競合他社のやる気を削ぐという戦略です。**私はそれを知らなかったので、上司にまんまと乗せられたということになります。

時期は、１９９０年の中頃。Windows95 リリースの5年も前の話でした。

私はこうやって、Windows95 のアーキテクト（基本設計者）というリーダーに任命されました。これもプロトタイプを率先して作ったことが認められたからでした。そうしてこのプロトタイプこそが、2章でお話しした、私がシカゴに移る前からカイロで開発することになる、後に Windows95 として結実することになる次世代ＯＳの種だったのです。

どんな仕事でも、企画をアイデアのままではなく形にした人がその企画の推進者になることができます。私のような日本から渡米したばかりのいちエンジニアがマイクロソフトで活躍できたのは、まさに限られた時間を濃密に使いこなし、プロトタイプを先に作ったからなのです。

インターネットという概念に熱狂する

1995年当時のインターネットといえば、ネットスケープコミュニケーションズという会社が作っていたネットスケープナビゲーター（以下ネットスケープ）というウェブブラウザを使うのが主流でした。

今でこそウェブブラウザというのは無料で手に入れられます。Windowsにはインターネットエクスプローラーが、Macintoshにはサファリが標準装備されており、ファイアフォックスやGoogleクロームなどもネット経由でダウンロードできます。しかし当時はウェブブラウザというのは店頭でパッケージを買って導入するものでした。ウェブサイトを閲覧するためにはネットスケープというソフトを買わなければならなかったのです。

マイクロソフトでもブラウザを作っているということを知ったのは、Windows95の開発も最終局面にさしかかっていた1995年の前半のことでした。Windows95のリリースと同時に、「プラスパック」というパッケージソフトを小売り販売し、その中にインターネットエクスプローラーというブラウザを含めることになったことを知らされました。

インターネットという言葉すらちゃんと理解していなかった私は、マイクロソフトがブラウザを開発することの意味もよく考えずに、それ以降もインターネットのことはあまり考えずにWindows95の開発に専念していました。

Windows95がようやく完成したのは7月の中旬でしたが、Windows95の出荷パーティーの余韻も収まらない時期に、たまたまインターネットエクスプローラーの開発に関わっている知り合いと昼食を取る機会がありました。

そこで、それまで頭の中に渦巻いていた「ブラウザとは何か？　インターネットの何が良いのか？　なぜマイクロソフトがブラウザを作る必要があるのか？」という質問を投げかけてみました。すると、「シリコンバレーにネットスケープというすごい会社があるので、とりあえずその会社のホームページを見てみるといい」という返事が返ってきました。

ずいぶん不親切な答えだと思いながら、家に帰ってさっそくネットスケープのホームページを開いてみました。そこは情報の宝庫でした。現在ならばどの会社でもホームページを持っているのが当たり前ですが、1995年の時点でホームページを持っている企業はまれでした。しかし、このネットスケープという会社は、単にホームページを持っているだけでなく、そのホームページに会社のビジョン・戦略からブラウザの仕様まで、何もかもを公開していたのです。

これは私にとっては大きなカルチャーショックでした。

「なぜこの会社はこんなにオープンなんだろうか？　ブラウザの仕様は企業秘密ではないのか？　会社としての企業戦略をこんなにおおっぴらに書いていいのか？」というのが私の第一印象でした。

しかし、本当のショックはその中身でした。要は、パソコンにアプリをインストールする時代はもう終わり、これからはブラウザ上ですべてのアプリを動かす時代が来るのだということでした。

私がアメリカに来て以来、丸々5年間苦労して作ってきて、ようやくリリースしたばかりのWindows95のやっていることを完全否定しているのです。

「こいつは何をバカげたことを言っているんだ」と思いながら、ホームページで公開されている、HTTP（ブラウザとサーバーの間の通信規約）とHTML（ウェブページを作るためのプログラム言語）の仕様を読み進めるうちに、まさに「カミナリに打たれたような」ショックが私を襲いました。

インターネットのことをまったく知らなかった私が、わずか1、2時間でインターネットの仕組みをすべて理解できてしまったのです。こんなにシンプルで美しい仕組みは見たことがない。Windows95は複雑すぎる。これからはインターネットの時代だ。そう直感的に感じました。

誰もが、この時間術を使えるようにするために

インターネットが、じつはとても単純な仕組みでできていることに気がついた私は、さっそく何か作りたくなりました。ちょうど長いトンネルを抜けてWindows95を出荷したばかりなので、自由になる時間はたっぷりとあります。多くの仲間たちはバケーションを取っているので、会社もとても静かでした。

1995年は、パソコン業界にとっても、マイクロソフトにとっても非常に興味深い時期でした。Windows95 のリリースにより、マイクロソフトの「パソコン業界の覇者」としての地位は確実なものとなりつつありました。しかし同時にネットスケープの誕生とその普及により、「インターネットの時代」がまさに幕開けしようとしていた時期でもあったのです。

つまり、「パソコン・ビジネス」がWindows95のリリースにより全盛期を迎えたその瞬間に、パソコンは単なる「ネットに繋がる箱」に格下げされ、ＯＳをコモディティ化（ありふれた、何でもないもの化）してしまう「インターネットの時代」が始まっていたわけです。

その当時、インターネットがパソコン・ビジネスにとって脅威であることに気がついていた人はまだ少なかったのですが、幸いビル・ゲイツを含めたマイクロソフトの中核のメンバーは、そのことにいち早く気づいていました。有名な「The Internet tidal wave」というメモをビルが書いたのは、Windows95リリース前夜の、１９９５年の5月のことでした。「インターネットの波が来た」とでも訳せるこのメモは、当時のＩＴ技術者たちの期待を的確に表していました。

そういうわけで、私はインターネットブラウザの開発をしたくなり、頼まれてもいないのにインターネットエクスプローラーの開発グループに参加して、新しいプロジェクトを勝手に始めました。それが、のちのWindows98へと繋がる、「ＯＳとブラウザを合体させる」という野望でした。

自分たちが出したWindows95が市場で大成功を収め、それがマイクロソフトの株価を大幅に押し上げていました。そして続く戦いはネットスケープとのブラウザ戦争。Windowsチームのモチベーションは究極にまで高まっていました。

Windows98では、インターネットエクスプローラーというネットブラウザが、最初からOSに付属されてリリースされました。具体的には、Windowsエクスプローラーとインターネットエクスプローラーを合体させたのです。どういうことでしょうか。

Windowsエクスプローラーというのは、みなさんが普段、画像や音楽やワードやエクセルのデータを管理しているときに使っている機能です。「ドキュメント」「ピクチャ」「ビデオ」「ミュージック」「ダウンロード」などにフォルダ分けされている、あれです。あれを表示しているところに、インターネットのホームページを表示できるようにしました。

たとえば、Windowsエクスプローラーの上のバーに表示されている「ドキュメント」というところにヤフーのURLを入力すると、フォルダが表示されていたところにヤフーのホームページが表示されます。逆に、インターネットエクスプローラーのURLのバーの部分に「ドキュメント」と入力すると、ドキュメントフォルダの中身が表示されます。

このように、いちいちネットスケープなどの他社のネットブラウザを購入しなくても、インターネットを閲覧することができるようになったのです。私は当初からこれが革新的なことであると確信していました。そこから私は一気に、ＯＳとウェブブラウザの統合を会社に進言し、開発へとひた走りました。

かくして、Windows エクスプローラーにインターネットエクスプローラーの機能を統合させる形で１９９８年6月25日に発売されたWindows98 はすばらしい成果を挙げました。もともとウェブブラウザのシェアはネットスケープが80％以上を占めていたのですが、Windows98 のリリース以降、その値が逆転しました。すなわち、インターネットエクスプローラーのシェアが80％まで上昇したのです。**マイクロソフトが名実ともに世界一のインターネットカンパニーへと変貌を遂げた瞬間でした。**

しかしそのおかげで、マイクロソフトは公正取引委員会に独占禁止法で訴えられることになりました。なぜって、それはＯＳとウェブブラウザの抱き合わせ販売に相当すると判断されたからです。

コンビニにおにぎりを買いに行って「おにぎりはこちらの週刊誌と合わせて１２０円に

なります」と言われたら、その週刊誌、たとえば『週刊マイクロソフト』の売り上げは急上昇するでしょう。『週刊ネットスケープ』は、そのせいで商売あがったりです。

まさか私のアイデアが法律に抵触するとは思っていませんでした。ただこうしたらおもしろいんじゃないかと思ってやってみただけですから。とはいえ結果としてインターネットエクスプローラーは市民権を得たことですし、良かったのではないかと解釈しています。


私はそうしてWindows98にソフトウェアアーキテクトとして携わった後は、マイクロソフト・オフィスの次世代モデルを作っていましたが、既存のオフィス開発チームと折り合いが合わず、頓挫してしまいました。

そのころちょうど、元の上司が投資会社を立ち上げていたため、これをきっかけにしてマイクロソフトを辞めました。2000年のことです。

余談になりますが、マイクロソフトはそんな私を引き留めるために、当時4億円相当のストックオプションを提示してくれました。株価が上がらなければ一銭にもなりませんが、もし10％上昇したとしたら4千万円の利益が得られるというものでした。時間術を極めれば、一人の人間でもここまでのことが可能になるのです。そうして私はベンチャー企業・UIEvolutionを創業することになりました。

じつは私が、こうして時間の使い方や仕事の仕方について考えるようになったのは、この起業がきっかけでした。今まで私は自分と他人の仕事の仕方について、比較検討したことがありませんでした。基本的に個別の部屋で黙々とプログラムを書き続けていたマイクロソフトでは、あまり他人の仕事を観察することはなかったからです。

しかし会社を経営するとなると、どうしても社員の仕事は観察しなければなりません。そこで気づいたのです。自分の働き方はほかの人とは違うのだと。そして、**自分の働き方を教えることで、誰もが秘めていた大きな実力を発揮できるのだということを。**

いよいよ次章では、私が生涯をかけて練り上げてきた時間術のすべてを公開していきます。ここまでなぜくどくどと前置き的な話をしてきたか、その意味をご想像いただきながら読み進めていただければと思います。

4

今すぐ実践　ロケットスタート時間術

100人に1人もできない「あること」とは？

3章では私がどのようにして時間術を生み出していったのかをお伝えしてきました。この4章では、小学3年生の夏休みの後悔と、その1年後のリベンジを端緒にし、マイクロソフト退社後の企業経営の中で結実した、究極の時間術をお伝えします。

この章の内容こそが、私が半生をかけて導き出した仕事の仕方の結論です。その名も**ロケットスタート時間術**です。なんだか安直なネーミングだと思う方もいるかもしれませんが、まさにロケットスタートという言葉がぴったりな時間術なのです。

今まで、たくさんの日米のエンジニアと仕事をしてきました。その中には私よりも明らかに賢いエンジニアもいましたし、ものすごい生産性でプログラムを作ってくれる馬力のあるエンジニアもいました。

しかしそんな中でも、私が仕事をするうえで最も大切だと考えている「あること」をきちんとこなせる人は100人に1人もいませんでした。

その「あること」とは、「常に締め切りを守ること」です。正確に言い換えれば、「常に締め切りを守れるような仕事の仕方をすること」です。

2章のビル・ゲイツの例で話したとおり、あなたの仕事は、パーティーに花が間に合うよう花屋さんに予約をすることではなく、パーティーに花を間に合わせることです。期日に間に合うよう予約しても間に合うとは限りません。予期しないアクシデントが起こることを前提としなければならないのです。

チームで仕事をする場合、どうしてもお互いが担当するタスクの間に依存関係が生じます。そんなときに、どれか一つのタスク完了の遅れがほかのタスクの完了に波及し、全体のスケジュールがさらに遅れる、という事態はソフトウェア開発の現場ではよく見られます。これはほかの一般的な職場でも頻繁に起こっていることでしょう。上司からすると、安請け合いして締め切りを守らない部下ほど、残念な気持ちにさせられるものはないのです。

そんな状況をできるだけ回避するには、プロジェクトに関わる人全員が自分に割り当てられたタスクは「必ず期日以内に仕上げる」という強い意志を持って仕事にのぞむことが必要です。そもそも部下にとっては、上司に約束した納期に仕事を間に合わせることが仕事の第一の鉄則なのです。

「そんなこと言ったって、仕事の過程において予想不可能な事態に陥ることはよくあることで、締め切りを絶対に守ることなんて無理」と思う方もいるでしょう。たしかにそのとおりです。みなさんは怠慢が原因で締め切りを破ることなんてないはずですから、きっと締め切りを破るとしたら予測不可能な事態が原因だろうと思います。

しかしスケジュールの立て方・仕事の進め方の段階から、締め切りを守ることの大切さをきちんと認識すれば、何があっても常に締め切りを守り続けることは十分に可能なのです。

「ラストスパート志向」が諸悪の根源

大半の人が、スケジューリングの段階から大きな勘違いをして仕事に取り掛かっています。締め切りという言葉への典型的な誤った考え方は、次のようなものでしょう。

・見積もりはあくまで見積もりでしかなく、予定どおりに仕事が進むとは限らない
・締め切り目前に、徹夜でも何でもして頑張ることが大切
・それでもどうしても締め切りに間に合わなかった場合は、その段階でスケジュールを変更してもらうしかない

たとえば、このような意識を持っているエンジニアに、私があるソフトウェアの作成を依頼したとしましょう。するとそのエンジニアは、今までの経験から「3か月くらいでできると思います」と軽い気持ち（漠然とした見積もり）で答えます。

多くの場合、この手のエンジニアはプロジェクトを甘く見て、最初の2か月くらいはのんびりとすごします。残り1か月くらいの「お尻に火がついた」状態になって頑張るのですが、あわてて作るためにスパゲッティコード（スパゲッティのように複雑に絡み合ってしまったプログラム）になってしまいます。

残り2週間目くらいでソフトウェアはそこそこ動き始めますが、まだまだ機能は不十分だし、バグもたくさんあります。最後の1週間でバグの修正に取り掛かりますが、最後の最後になって基本設計上の欠陥が見つかります。しかし、いまさら後戻りはできないので、バグを回避するための、その場しのぎのパッチ（修正プログラム）を当てますが、そんなことをしているとますますプログラムが汚くなっていきます。

最後は徹夜もしますが、寝不足でミスが続き、結局バグが取れずに締め切りの日になってしまいました。私には「申し訳ありません、できませんでした」と言うしかありません。「じゃあどのくらいで完成するの」と聞くと、「あと2週間あれば大丈夫だと思います（根拠なし）」と答えます。しかし、2週間では根本的な変更などできるはずもなく、パッチにパッチを当て、目も当てられないようなプログラムになっていきます。

結局2週間努力しても問題は解決せず、「根本的な問題の解決のためにあと2か月くださ い」と言い出します。しかたがないのでスケジュールの変更を認めると、時間に余裕があるので、また最初の1か月はのんびりしてしまいます。

そうして最後の1か月でラストスパートをかけようとしますが、再び同じような状況に陥り、最後は徹夜の連続。再び寝不足のためにプログラムが汚くなり、バグが多発。結局、新しく設定した締め切りも逃してしまいました……。

こんなことでは、プロの仕事とは言えません。この仕事の根底には「締め切り＝努力目標」という考えがあり、「目標に向けて精一杯努力をすることが大切」という体育会的な姿勢があります。そして最も良くないのが「ラストスパート志向」です。**多くの人が、「最初はのんびりしていても、最後に頑張ればなんとかなる」という根本的な誤ちを改めるところから始めないといけません。**

ラストスパート志向の一番の欠点は、最後の最後までそのタスクの本当の難易度がわからないという点にあります。どんな仕事でも、やってみないとわからない部分が必ずあるのです。

だからラストスパート志向で仕事に取り組むと、仕事の後半に予想外のアクシデントが発生して、完了までの時間が延び、ほかの人に迷惑をかけてしまう可能性が出てくることを忘れてはいけません。これは1章でも2章でも何度もお話しした大事なことです。

まずは「締め切りは絶対に守るもの」と考える

ではたとえば上司から「これ10日でやっといて」という仕事が降ってきたとき、どうすればいいでしょうか？　大切なことは、スケジューリングの段階から「締め切りは絶対に守るもの」という前提でのぞむことです。すると予定を立てる段階から、次のような真剣なやり方をとらざるを得なくなるはずです。

①「まずはどのくらいかかるかやってみるので、スケジュールの割り出しのために2日ください」と答えて仕事に取り掛かる（見積もりをするための調査期間をもらう）
②その2日をロケットスタート期間として使い、2日で「ほぼ完成」まで持っていく
③万が一、その2日で「ほぼ完成」まで持っていけなかった場合、これを「危機的な状況」と認識してスケジュールの見直しを交渉する

まず①ですが、「締め切りは絶対に守るもの」ということを常に念頭に置いておけば、何も考えずに「だいたい10日くらいでできると思います」のようなあいまいな回答はできないはずです。

当然ですが、仕事の最初の段階では見積もりすら不可能なタスクも多々あります。しかし、その手のものを、今までの経験をもとにざっくりと見積もるのはとても危険な行為です。そういう場合は、まずは上司から指定された期間の2割（この場合は2日間）を見積もりのための調査期間としてもらい、その期間、猛烈に仕事に取り掛かります。仕事の真の難易度を測定するためです。

その間に「8割方できた」という感覚が得られたなら上司に「10日でやります」と伝えます。そこまで至らなかったら、相当難しい仕事と覚悟したほうがいいでしょう。上司に納期の延長を申し出るのは、早ければ早いほどいいわけですから、8割方できなかった場合は期日の延長を申し出ましょう。

スタートダッシュで一気に作る

大切なのは、②で全力のスタートダッシュを行うことです。

『マリオカート』をやったことはあるでしょうか。『リッジレーサー』でも『グランツーリスモ』でもそうですが、あらゆるレーシングゲームにはスタートダッシュ（ロケットスタート）というテクニックがあります。

スタート前の「3↓2↓1」のカウントダウンのあいだに、適切なタイミングでボタン操作をすることで、スタートと同時に圧倒的に加速でき、ほかを引き離すことができるテクニックです。これをイメージしてください。

「締め切りに迫られていないと頑張れない」のは多くの人々に共通する弱さですが、先に述べたように、**仕事が終わらなくなる原因の9割は、締め切り間際の「ラストスパート」が原因です。**

ですから、10日でやるべきタスクだったら、その2割の2日間で8割終わらせるつもりで、プロジェクトの当初からロケットスタートをかけなければなりません。初期段階でのミスならば簡単に取り戻せますし、リカバリーの期間を十分に持つことができます。

とにかくこの時期に集中して仕事をして、可能な限りのリスクを排除します。**考えてから手を動かすのではなく、手を動かしながら考えてください。崖から飛び降りながら飛行機を組み立てるのです。**

作業を進めていって根本的な方向転換が必要だったら、この時期に行います。たとえばソフトウェアの開発ならアーキテクチャ（基本設計）の変更などです。何だか全然ダメなものができてしまったらもう一度ゼロからやり直します。**健康だけには気をつけながら、全力疾走で仕事と向き合います。**

そうして、実際に指定の2割の時間がすぎた段階で、仕事がどのくらい完了しているかをできるだけ客観的に判断します。8割方終わっていればスケジュールどおりに進んでいると考えていいでしょう。6割くらいしか終わっていなかったらかなりの危機感を持つべきです。その段階で万が一、完成度が6割未満だった場合は、③のとおり、「締め切りまでに完成できない可能性がある」と判断し、上司に状況を説明してスケジュールの見直しをしてもらいましょう。

締め切り直前ではなく、締め切りよりもはるか前に、期日に間に合わせられるかどうかを見極めることが大事なのです。この段階で「まだ2割しか時間を使っていないから大丈夫」と思うのは大間違いです。全力疾走で2割の期間を使って、まだ「ほぼ完成（8割方完成）」の状態に持っていけてないのだったら、かなりの確率で締め切りには間に合わないと判断すべきです。

逆にその時点で8割方完成していれば、上司に「10日のスケジュールで大丈夫です」と伝え、残りの2割の「完成にまで持っていく仕事」を残りの8日間をかけてゆったりと行っていきます。余裕があればその期間に、次の仕事の準備を進めたりもします。

この段階で大切なのは、「全力で仕事と向き合う」ではなく「仕事の完成度を高める」であることを強く意識して向き合うことです。8割の時間を使って2割の仕事をこなすわけですから「仕事が終わらないわけがない」という余裕が生まれます。心地いいほど完璧なスラックの獲得です。

見積もるには、とにかくやってみることだ

ここまでが、私が実践している仕事との向き合い方の全貌です。一言で言えば**「時間に**

余裕があるときにこそ全力疾走で仕事し、締め切りが近づいたら流す」という働き方です。

仕事に対する姿勢を根本的に変えなければならないので簡単な話ではありませんが、確実に効果があることを保証するので、なるべく多くの方におすすめしたいと思っています。

ロケットスタート時間術の概要をわかっていただけたところで、ここからは仕事術の背景にある考え方まで踏み込んで、みなさんに深く理解してもらいましょう。

具体的な見積もりの仕方は、**「最初の2日で仕事の8割を終わらせる」**でした。

これが鉄則です。最初の2日というのは締め切りまでの期間によって適宜変わります。締め切りが10日後の仕事なら2日間、5日後なら1日、3日後なら半日、1日なら3時間というように、大体全体の2割程度の期間です。とにかく猛ダッシュのロケットスタートを切ることが重要です。

なぜそんなハードなスタートダッシュを切るのかというと、**あなたのラストスパート志向を矯正するには、そのくらいハードなことをしないといけないからです。**人生を変えたいのであれば、今後あなたは、徹底的にロケットスタート型に舵を切るべきです。

ちなみにロケットスタートを実践するときのコツですが、**前倒しで取り掛かることです。**

仕事が決まったら、すぐにやってください。

人は誰しも無意識のうちに不安を抱えながら仕事をしています。締め切りに間に合うかどうかを恐れているからです。ですから、取り掛かる時期が早ければ早いほど不安は小さくなります。取り掛かりを前倒しし、華麗なロケットスタートを切れば、仕事のほとんどが期限の2割程度の時間で終わります。

その瞬間を体験したとき、あなたの目から見えている景色は180度変わっていることでしょう。ぜひその快感を体感してみてください。

仕事の提出を前倒すのではありません。取り掛かりの時期をこそ前倒すのです。

徹夜は仕事がノッているときにしろ

徹夜は、いわゆるラストスパートの一種として、締め切り間際の恒例的行事になっている人が多いようです。みなさんも経験がおありかと思います。

徹夜が良くないことは、すでに1章でお話ししました。徹夜をするせいで仕事の効率は落ち、締め切りが近いこともあって集中できず、結果仕事は終わらないし自身も疲弊するばかりです。

したがって徹夜はするべきではありません。ですが例外があります。それは仕事がノッているときです。じつは私は、仕事を始める最初の2日間のうちに徹夜をすることがあります。

意外に思われるかもしれません。しかしこれは私の仕事の仕方を象徴する、ある意味でこの時間術のコアになる部分です。

とにかく最初の2日間に8割終わらせることを目標にロケットスタートを切ります。私は大体、この期間にソフトウェアの大まかな設計を作り上げます。企画書を書いている人は、この期間に企画書の大枠を書き上げます。マーケティングプランの構築をしている人は、そのプラン全体の構築を行います。作曲やライティングをしている人は、枝葉を気にせず一気に最後まで書き上げます。**考えてから手を動かすのではなく、手を動かしながら考えるのです。**

手を動かしたら何も考えられないじゃないかと思うかもしれません。しかしそれを否定する言葉があります。「案ずるより産むが易し」。手を動かせば頭も動くのです。頭が動くかどうかというメタレベルの思考ばかり続けているから、ベタレベルの思考ができなくなるのです。言い訳とか、不安とか、疲れているからとか、馴れていないからとか、そんなことはどうでもいいので「8割完成」という一つのゴールに向かって爆進してください。

8割終わらせることができれば、締め切りまでにはほぼ確実に終わるはずです。つまり言ってしまえば**8割終われば仕事は終わったようなものです。**

このロケットスタートの2日間は、私はメールもフェイスブックもやりません。不本意に時間を取られかねないものはすべてシャットアウトします。普段仕事の合間に何げなくやってしまう、コーヒーを淹れてみたり、散歩に出てみたりといったこともしません。とにかく仕事のことだけ考え続けます。

もっと言えば、最初の2日間は同僚や上司からごはんに誘われても断ります。メールもチェックしないわけですから、**2日間は完全に現実から去った仙人のようになっています。**そして3日目に人間界に現われるというわけです。

2日間くらいなら、同僚や上司を無視していてもなんとか関係が修復できます。2日間というのは、人間関係を破壊しないギリギリのラインなのです。だから私は2日間はメールもごはんの誘いも無視して仕事をします。

逆に、2日間の付き合いの悪さ程度で疎遠になってしまうような人がいたら、そもそもその人とは長続きしない関係だったと割り切るべきでしょう。しかし大抵の人であれば、2日間嫌な奴になっていたとしても、関係は取り戻せます。

要するに、煮詰まったときの徹夜はしてはいけません。ただロケットスタートと同時にノリノリで徹夜をするのは十分ありです。スタートダッシュでなくても、仕事がノッているときがあれば、それこそが徹夜をするチャンスです。

ただし、やりたくもないのにやむをえず徹夜をするのだけはやめましょう。そもそも、無駄な徹夜をしなくても済むような仕事の仕方が正しいのです。

仕事は最速で終わらせてはいけない

そうして2日で仕事の8割を終わらせたあなたは、このペースなら3日で終わるのではないかと考えます。3日でその仕事を終わらせて、上司に提出するのが今までの仕事の進め方でしょう。なるべく早く提出したほうが上司からの評価も高いだろうと。

私の考えではそれは間違いです。なぜなら3日で終わらせると、続けざまに次の仕事を依頼されるからです。しかも上司は、「前の仕事を3日で終わらせたんだから、この仕事も3日で終わるだろう」と期待し、締め切りをもっと早く設定したりします。

それこそが大いなる間違いです。最初の2日間あなたは全力で仕事をしたわけです。たしかにもう1日くらいなら頑張れなくもないでしょう。実際そうして今まで体力勝負で乗り切ってきた方もいると思います。

けれども永遠に全力で働き続けることは絶対に無理です。1章でお話しした、アメリカのとある病院の話を思い出してください。あの病院がきりきり舞いになっていたのは全員が常にもう全力を出していたからでした。逆説的ですが、**いつも全力を出していると、真の実力を発揮できなくなるのです。**

ですから、スタートダッシュで仕事の8割が終わったからといって、そのままのスピードで仕事を終わらせてはいけません。3日間頑張って完全に消耗した挙句、間断なく仕事を振られるようだったら3日目は休んでいたほうがましです。

仕事を早く終わらせることよりも、仕事を安定して続けることを意識すべきです。結果、焦って仕事をしていたときよりも早く、しかも高い完成度で終わるようになるのです。

1章で「スラック」と「トンネリング」という言葉を紹介しました。スラックとは余裕のことです。スラックを持っていると仕事の効率が上がっていきます。2日で8割終わらせるというのは、スラックを意図的に獲得するための戦略です。8割終われば、残りの期間は流しで仕事をすることができるからです。そのことを忘れて3日で仕事を終わらせようとすると、そこはもう暗いトンネルの中です。仕事が終わるころには休む間もなく次の仕事を回され、先の見えない状態に陥ります。すなわちトンネリングです。

スラックの確保こそ、ロケットスタート時間術の最大の鍵です。あなたの仕事が終わらなかったのは、余裕を確保していなかったからなのです。

ここまでの仕事のやり方を図にすると、下のようになります。

期間が10日だとしたら…

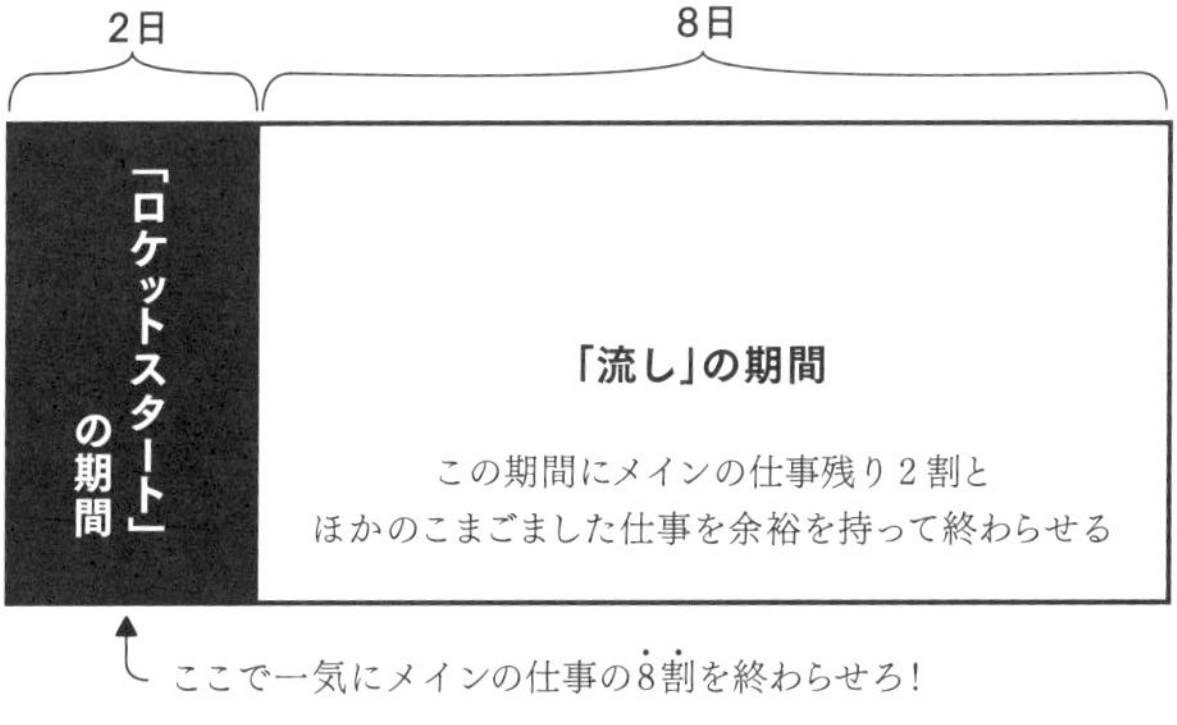
2日
8日
「ロケットスタート」の期間
「流し」の期間
この期間にメインの仕事残り2割と
ほかのこまごました仕事を余裕を持って終わらせる
ここで一気にメインの仕事の8割を終わらせろ!

集中力の秘密は「界王拳《かいおうけん》」

仕事をもらってから最初の2日間に仕事の8割を終わらせるというのは、みなさん想像がつくように簡単なことではありません。仕事期間の見積もりという名目があるとはいえ、ほとんどただ単に、仕事をものすごく頑張ってやっているわけですから。

私はこの、仕事をものすごく頑張っている2日間のことを「界王拳」を使うと呼んでいます。

界王拳とは、有名マンガ『ドラゴンボール』の主人公・孫悟空の技の名前です。孫悟空の師匠・界王に「元気玉」という技とともに伝授された必殺技で、「界王拳」を使用すると全身が赤いオーラに包まれ、戦闘力が飛躍的に上昇するのです。たとえば「3倍界王拳」を使うと戦闘力が3倍になります。ちなみに作中では2倍界王拳から20倍界王拳までが登場しています。界王拳はたいへん強力な効果を持つ代わりに、使用後は全身が激痛に襲われ、戦闘力が通常時以下に下がってしまいます。

私は最初の2日間のロケットスタートは、この悟空が界王拳を使うときの状態をイメージして仕事をしています。

最初の2日間はものすごく仕事を頑張ると言いましたが、それは言ってしまえばものすごく仕事に集中するということです。集中力を保ちたい、というのは、すべてのビジネスマンの悩みです。私もいかに仕事に集中するか、ということは常に悩んでいますが、最も手軽な方法は、悟空の界王拳をイメージすることです。界王拳を使って戦闘力を何倍にも上げ、目の前の仕事を倒すのです。

さらに私が注意していることは、**「このときに何倍界王拳を使うか」という具体的な数字まで決めるということです。**たとえば最初の2日間はいつも「20倍界王拳」をイメージしています。本当に通常時の20倍出ているかどうかは関係ありません。『ドラゴンボール』に登場した界王拳の中で最も強力な、20倍界王拳の発動をイメージする、ということ自体が大切なのです。

それはすなわち、自分の出せる最大の能力を、仕事のスタートダッシュで使ってしまうということです。『ドラゴンボール』に限らず、少年マンガの主人公が最大の奥義を使うのは、戦闘中にピンチに陥ったときと相場が決まっています。たしかに窮地に追い込まれたときはマンガに限らず、現実でも人は最大の力を発揮します。そうしてマンガではライバルを倒し、現実では大きな仕事を終わらせるわけです。

すでにお話ししたとおり、私はそうした「ラストスパート志向」を信じていません。仕事が終わらないことの諸悪の根源とすら思っています。ライバルに倒されそうになるとき、つまり仕事の締め切りが迫っているとき、人は必ず焦るからです。焦ると生産性は上がりません。

マンガの世界では、そこで主人公の能力が覚醒して一気に勝敗を決するわけですが、現実ではそのようなドラマチックな逆転劇は必要ありません。むしろ逆転劇ばかり起こすような仕事の仕方をしていては、上司も常に肝を冷やします。それでは上司からの評価も下がり、社会人としての信頼も失いかねません。

界王拳を使ってメールを返す必要があるか？

集中力を上げるために必要なことをもう一つお話しします。それは、マルチタスクを放棄することです。マルチタスクこそ、仕事が進まない理由の最たるものです。

みなさんはいつどんな仕事をしているときも常にメールには気を遣っていることと思います。大事な取引先や上司からのメールは、できるだけ早く返信するのが望ましいからです。そうして返答をするあなたは、きっと取引先からも上司からも重宝されることでしょう。

けれどもメールに気を取られることで、メインの仕事の効率が落ちているということを忘れてはいけません。メールの返信が早くてもメインの仕事が遅い人の評価は高くありません。単に仕事が遅い人だなあという印象を持たれます。逆にメールの返信が遅くてもメインの仕事が早い人の評価は高いです。仕事ができるのだから、多少メールの返信が遅くても気になりません。

この話が示しているのは、**「あなたの仕事はメールを素早く返信することではなく、仕事を終わらせることである」**ということです。こうして言葉にするとずいぶん当たり前のことのようですが、「仕事のメールには即レスしろ」といった言説に惑わされ、これに気づいていない人は多いのです。

ですから界王拳を使っているときはメールのことを気にしてはいけません。もっというと、電話も気にしてはいけません。可能な限り会議に出るのもやめましょう。同僚とのおしゃべりなんてもってのほかです。マルチタスクは仕事の効率を何倍も下げます。

メールや電話、ほかの仕事のことを気にし始めると、メインの仕事に割くリソースが減ってしまいます。2章でした認知資源の話を覚えているでしょうか。重大なタスクに没頭するためには、ほかのこまごまとした小さな仕事に悩んではいけないのです。認知資源は、最大限メインの仕事にのみ割くべきです。

ですから界王拳を使っているときは、メールにも電話にも出ないということを今日決断

ロケットスタート期間の1日の使い方

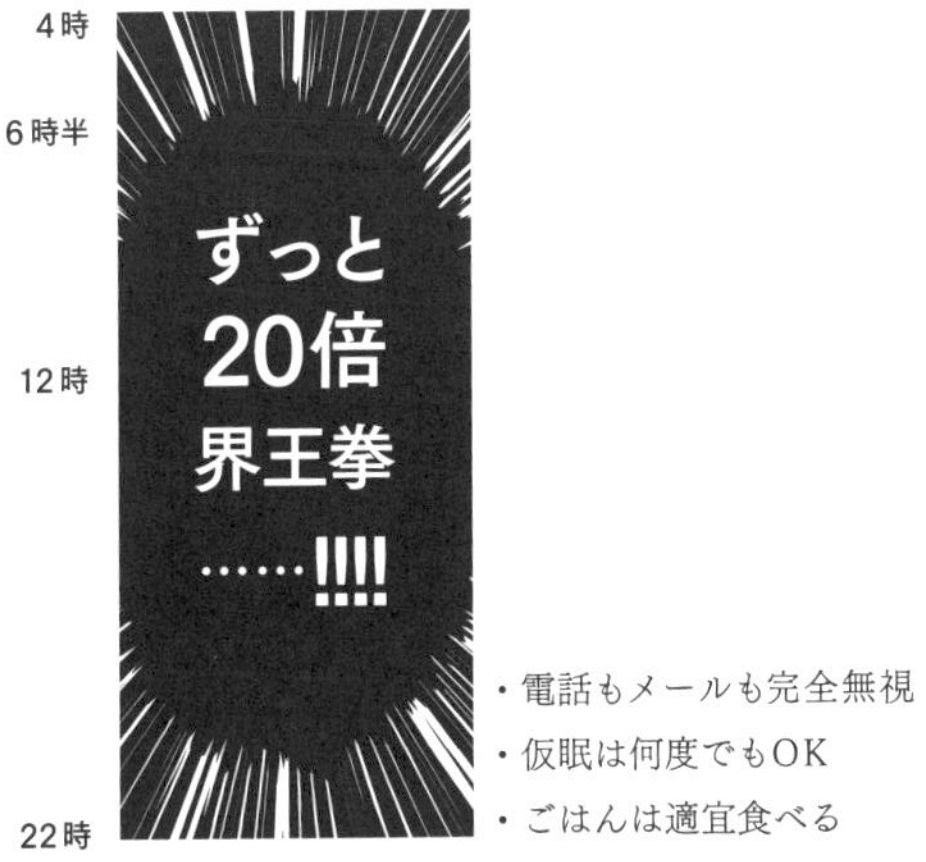
4時
6時半
12時
22時
ずっと20倍界王拳……!!!!
・電話もメールも完全無視
・仮眠は何度でもOK
・ごはんは適宜食べる

してしまいましょう。界王拳を使っているあいだにやることはメインの仕事のみです。それ以外のことは一切放棄して黙々と作業に取り組んでいきます。**通常の20倍の能力を発揮して、メールチェックに挑む必要があるかどうか考えてみてください。**界王拳使用中は、絶対にマルチタスクはしないのです。

とはいえ、人間には限界があります。私の感覚では、高い集中力を保ち続けることができるのは、6～7時間が限度です。ですから私は、上の図のように1日中界王拳を使い続けるために、限界が来たときに朝ごはんや昼ごはん、夕ごはん、そして昼寝をはさんでいます。そうした小休憩の後はシームレスに20倍界王拳を発動し、仕事に戻ります。ごはんを食べ終わり「ごちそうさま」と言った瞬間に、睡眠から覚醒し目覚ましのアラームを止めた瞬間に、全身が赤いオーラに包まれるわけです。

ふざけているように思うかもしれませんが、まったくふざけていません。イメージすることが大事なのです。

どこまでも2：8の法則で仕事をする

何度も繰り返しているように、私は最初の2日で仕事の8割を終わらせることを信条としています。そうすれば、締め切りまでの残りの8割の期間はのんびり仕事をすることができるからです。すなわちスラックが最大の状態で仕事に取り組むわけです。

私はこの時間を「流し」で仕事をする、と呼んでいます（この期間に、余裕があっても次の仕事を入れないことは、すでにお話ししたとおりです）。

のんびり仕事をしているといっても、起きてから寝るまでずっとのんびりしているわけではありません。それでは残った2割を終わらせられないからです。じつは先ほど紹介した界王拳は、20倍界王拳終了後の3日目以降も、1日の間に数時間だけ発動します。どういうことでしょうか。

「流し」で仕事をする3日目以降も、私は朝4時ごろに起きて仕事を始めます。顔を洗ったら、そのままシームレスに仕事に移行します。コーヒーを淹れたりもしません。**とにかく一瞬も隙を作らずに仕事を始めます。**ここではやはり、メインの仕事だけと向き合います。

6時半ごろには朝ごはんを食べます。なぜ6時半かというと、そのころには家族が起きるからです。家族が起きるまでの2時間半は、誰にも邪魔されない静謐《せいひつ》な環境が保たれるので、仕事に集中できます。

私はその2時間半にも界王拳を使っているのです。具体的には**10倍界王拳**です。最初2日間の20倍界王拳で疲弊しているため20倍というわけにはいきませんが、10倍は意識しています。やるのはやはりメインの仕事だけです。

そのあいだはフェイスブックもメールも見ませんし、電話にも出ません。会議や打合せなどは昼以降に回します。そもそも朝4時に何か投稿したりメールを送ってきたりする人はいませんから、チェックする必要もありません。チェックする必要がないわけですから、そういったものに時間を取られることはありません。だから朝4時から6時半までの間は10倍界王拳タイムなのです。

ここで意識してほしいのは、**この1日の最初の2時間半で、1日のメインの仕事の8割を終わらせるようにする**ということです。2：8の法則は1日の中でも当てはまるのです。10日間の仕事を最初の2日で8割終わらせるのと同様に、1日ごとに割り振った仕事も最初の2時間半で8割終わらせるのです。そのためこの2時間半はコーヒーも飲まなければ、可能な限りトイレにすら行きません。**息を止めて仕事をしているようなイメージです。**

朝ごはんを食べた後は犬の散歩に行き、8時から12時まで仕事の続きをします。ここでも界王拳を使います。具体的には2倍界王拳です。さすがに朝は疲れたので10倍というわけにはいきませんが、昼ごはんという締め切りがある以上、だらだらしたくはありません。だから2倍を意識しています。

午前中は、10倍界王拳を使っているあいだも2倍界王拳を使っているあいだも、ともかくすべての時間をメインの仕事だけにあてます。メールも電話もいったん置いておきます。そもそも午前中にメールが来ていたとしても、界王拳を使っているときにメールに返信する必要があるでしょうか。せっかく体力を使っているのだから、本体業務に集中するほうが得策です。

そうして「流し」の8割の期間であっても、**午前中にメインの仕事をほぼ終わらせます**。

最強の昼寝は「18分」

お昼がきたので、ここで昼寝について解説します。私は昼ごはんを食べた後は、必ず昼寝をします。昼寝をすると脳にたまった老廃物が消えるような気がするので、新しいアイデアが生まれることがありますし、午後以降の仕事にもグッと集中して取り組めるからです。頭の回転も全然違うことを感じます。

ちょうど車のエンジン（脳）を使った結果、排ガス（眠気）が排出されていくようなものです。ガス（眠気）は車の中にためてはおけないので、外に出します。そうして車は前進するのです。

私は昼寝は18分と決めています。これは度重なる試行錯誤の果てに決まったマジックナンバーです。18分より短いと老廃物が残存している感じがあり、18分より長いと深い眠気の底にいざなわれ、もう戻ってこられません。

私は、10分→20分→30分、と試していきました。その結果、**眠気が残らず目覚めの良い**

時間が18分だとわかりました。この18分の昼寝は、夜の2時間の睡眠に匹敵する回復力があると私は思っています。ぜひあなたも毎日少しずつ時間を変えて昼寝をして、マジックナンバーを探してみてください。

ちなみに昼寝の仕方ですが、私は必ずパジャマに着替えてアイマスクを装着し、ベッドで寝るようにしています。ここまでして完全に快適な睡眠環境を整えないと、18分ではリフレッシュできないからです。逆に言えば、最大限リフレッシュするための昼寝時間を一番短縮するには、そういった環境を整える必要があるということです。

とはいえこれは自宅で仕事をしているときの私の例なので、会社勤めの方が実践するのは難しいでしょう。もちろん会社にベッドや布団を持っていく気力のある方は止めません。

みなさんがこれを実践するには、最低でもアイマスクを用意するのがいいでしょう。これだけでも睡眠の質はかなり変わります。加えて、耳栓やオットマン（椅子の前に置いて使う足乗せ用ソファー）、枕代わりのタオルなどを持っていくのはいかがでしょうか。思い切って自腹でいい椅子を買って会社に持ち込むのもいいでしょう。これなら明日からでも実践できます。心地いいソファーのあるカフェを見つけ、昼食と昼寝を取る方法もありでしょう。みなさんで自分に合ったオリジナルの昼寝用寝具を選んでみてください。

さらにいえば、私は昼ごはん後以外にも眠くなったらすぐ仮眠をとります。1日に3回寝ることもあります。眠気で頭が回らない状況で無理して仕事を続けるよりも、驚くほど効率が上がりますので、ぜひとも試してください。

午後は気楽に「流し」で働く

昼寝の後は完全に流しで仕事をすることになります。たまっていたメールや着信に返事をしていきましょう。スケジュールの調整など、こまごました仕事はここで消化します。ほかにも書類の整理やドキュメンテーション、資料の閲覧などといった仕事は、すべてこの時間帯に行います。ここでもマルチタスクは行いません。こまごました仕事であっても、一つ終わったら次へと、一つひとつこなしていくことが重要です。

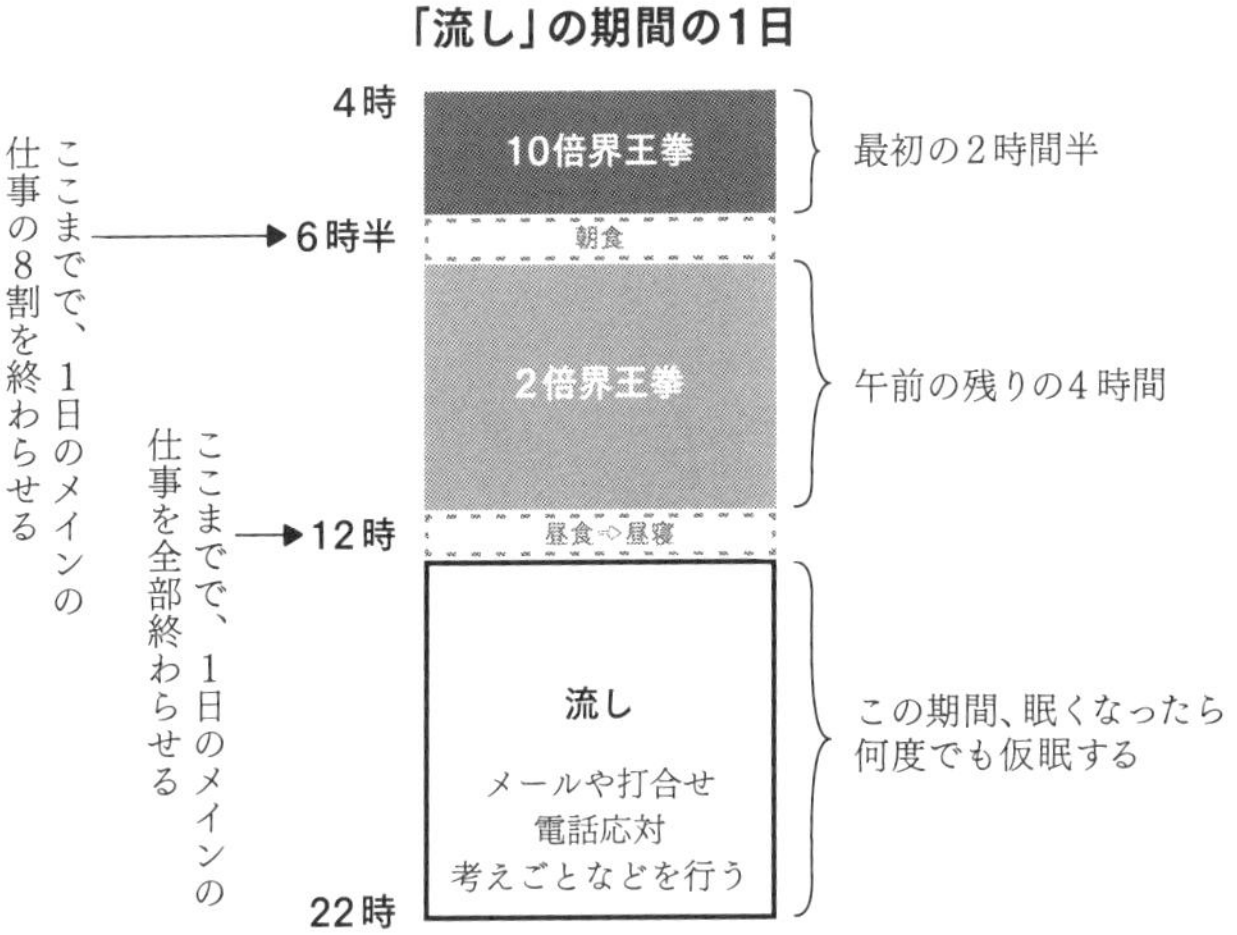

私は午後はフェイスブックのチェックをしたり、メールマガジンの記事を執筆したりします。そのあいだはコーヒーを淹れたり昼寝をしたり、かなり気楽に仕事をしています。上の図にあるように、メインの仕事は午前中までに終わっているので、急ぐ必要もありません。

夜は仕事も終わりつつあるため、翌日の仕事の準備をします。具体的には21時ごろから、5章で紹介するタスクリストを作ることです。そうして夜10時半ごろには寝ます。翌朝4時に起きるので睡眠時間は5時間半程度ということになります。

世に出る数多の本では睡眠時間は6時間以上取るように言っていることが多いですが、それは個人差があると私は考えています。私の場合、昼寝をうまく使うことで夜の睡眠は5時間半で十分だということがわかっています。

みなさんも自分の睡眠時間は何時間が適切か試行錯誤してみてください。ただし無理は禁物です。無理して短く寝て、日中頭が回らないくらいなら、いっぱい寝たほうがマシです。

朝が最強である3つの理由

早起きも昼寝も、すべては朝の2時間半の界王拳のためのお膳立てとして導入しているものです。仕事は朝のスタートダッシュがすべてなのです。では、なぜ私は、朝4時という早朝からロケットスタートしているのでしょうか？　理由は3つあります。

①外部要因の締め切りが設定できる
②メールをチェックする必要がない
③話しかけてくる人がいない

①は疑似的な締め切りを意図的に作れるという理由です。朝6時に家族が起きてくるのが私にとっての朝の締め切りです。締め切りがあると、仕事をやらなければならないという気持ちになります。

また、朝の2時間半に8割を終わらせると言いましたが、その8割の仕事がどの程度かというのはタスクリストを参照すればわかります。詳しくは6章でお話ししますが、私のタスクリストには1日の仕事がすべて15分刻みで記されているので、朝のうちにここまでやるという範囲を容易に決めることができます。

私は毎朝ゲームをしているのです。家族が起きる2時間後までに決めたタスクにすべてチェックを付けられるか、というゲームが始まるのです。こうした締め切りを意図的に作るのはなかなかできることではありません。何時までにやる、と自分で決めることはいつでもできますが、内部要因での締め切りはいまいち拘束力が弱いのです。その点朝は外部要因が多いので、締め切りを作ることが容易です。家族が起きるまで、8時のニュースが始まるまで、近所の小学生たちが外ではしゃいでいるのが聞こえるまで……など。

他方、夜はそうした締め切りが作れないのが難点です。だから夜はいつまでもダラダラと仕事を続け、ある臨界点を迎えたところで「徹夜するか！」と開き直ってしまうのです。こうした仕事の仕方がよくないということは、何度も繰り返しお伝えしてきました。

②と③は、邪魔をするものが少ないということです。先ほどお話ししたように、朝メールを送ってくる人はいませんし、電話をかけてくる人もいません。また、集中しているところにほかの仕事を回してくる上司もいません。だから集中力を分断するものがないのです。

集中力が分断された3時間と分断されない1時間は、同じくらいの仕事効率があると私は考えています。 要するにメールや電話、ほかの仕事のことを気にしながらする仕事は、効率が半分になるということです。朝型ならメールも電話も気にする必要がないので、そういうことがなくなります。

結局、ロケットスタート時間術とは何なのか？

本章では、私の仕事の仕方についてお話ししてきました。まとめると、次の4点に集約されます。

- **すべての仕事をスタートダッシュでこなして、絶対に終えられる納期を導き出す**
- **最初の2割の期間を「見積もり期間」としてもらい、実際には、仕事量の8割を終える**
- **最初の2割の期間で8割の仕事ができなかったら、期限を延ばしてもらう**
- **「仮眠を取る」と「マルチタスクをやめる」で、仕事の効率を上げる**

まず、すべての仕事をロケットスタートでこなします。これが鉄則です。忙しくないときこそハードに仕事をこなす必要があるのです。

何度も言いますが、**ラストスパートこそ諸悪の根源です。このことを絶対に忘れないでください。**

このロケットスタートのことを見積もりと呼んだりもします。見積もりの期間はだいたい最初の2日間（最初の2割）です。見積もりというのは名目で、実際は全力で仕事に当たってみるのです。

界王拳の話を思い出してください。この2日間では、具体的には20倍界王拳を使います。また、最初の2日間は「世捨て人モード」に入るので、メールも飲みの誘いも会議すら無視です。ロケットスタートを成功させるために、徹夜も厭いません。むしろラストスパートで徹夜をしないように、ノッているときは、最初のうちに徹夜をしてしまいましょう。

そうして2日間の20倍界王拳が終わった後の3日目以降は、流しで仕事をすることになります。とはいえ1日中ダラダラとしているわけではありません。このときは、朝4時に起きてから6時半まで10倍界王拳を使います。その期間はメインの仕事にだけ集中します。朝はメールも来ないし、誰かが話しかけてくることもないので、集中が途切れません。ここまでで、1日のメインの仕事の8割を終わらせます。朝食を食べ終えた8時からは、昼食までに1日のメインの仕事を全部終わらせることを目指して、2倍界王拳を仕掛けます。午前中に1日のメインの仕事を集中して終わらせた後は昼食を取り、18分の昼寝をします。その後、午後からは疲れているので、メールチェックや電話対応、打合せや考え事などこまごました仕事をします。ここでも仕事に詰まったら、さらにすかさず仮眠をとります。睡眠は脳の老廃物を除去する唯一の手段です。マルチタスクは絶対に行いません。

以上が私の仕事術の全体像です。

しかし、あなたの頭の中には何かの不満があるのではないでしょうか。

「こんなの自分には使えない」
「導入が難しすぎる」
「朝早く起きられない」

わかります。なぜならここで紹介した仕事の仕方は、そもそも現在仕事に余裕を持っている人だけが実践できることだからです。現在進行形で複数の仕事を抱えているあなたは、たった今与えられた仕事を、徹夜で8割終わらせるなどということは不可能です。ほかの仕事の締め切りが迫っているからです。

そもそもこのやり方に馴れていないと、2日で8割の仕事を終わらせるほど集中するなんてことはできないでしょう。今まで夜型だった人が朝4時に起きるというのも困難です。早く寝ようとしても会社の仕事があるため、上司に「というわけで5時に帰りますね」などと言うわけにもいきません。

そもそも本章で紹介したのは、すべて、自由に自分の時間をコントロールできる人の一連の仕事の仕方です。一般的な会社勤めの方にはなかなか難しい方法かもしれません。

ではあなたは諦めるしかないのでしょうか？

いいえ、諦める必要はありません。あなたの仕事環境に合った時間の使い方を、次の章で一緒に考えていきます。

この時間術をあなたが使えるようにカスタマイズした先に、あなたにとっての真のロケットスタート時間術が待っています。

5

ロケットスタート時間術を自分のものにする

長期の仕事は縦に切る

4章では、本書の核となるロケットスタート時間術の全貌をお見せしました。そこでは、

・すべての仕事をスタートダッシュでこなして、絶対に終えられる納期を導き出す
・最初の2割の期間を「見積もり期間」としてもらい、実際には、仕事量の8割を終える
・最初の2割の期間で8割の仕事ができなかったら、期限を延ばしてもらう
・「仮眠を取る」と「マルチタスクをやめる」で、仕事の効率を上げる

といったポイントを紹介しました。

また、**ロケットスタート時間術の本質は余裕を持つことであり、高速で次々と仕事を終わらせていくことではない**という重要なお話もしました。

本章では以上の4つのポイントを押さえつつ、ロケットスタート時間術をあなたの仕事

に合わせてカスタマイズする方法をお教えします。

おそらくみなさんは、複数の仕事を同時に進行しているかと思います。その中で新たな仕事を任せられたとき、ここまでお伝えしてきた仕事の仕方を実行することはできません。なぜなら仕事が複数あるからです。

私はいつも、目の前の仕事が終わるまで次の仕事は引き受けないスタイルでいますし、そもそもソフトウェア開発の現場では、複数案件を外から請けているフリーランスの方でもなければ、同時に同じレベルの複数案件を抱えることはあまりありません。だから私が実践している仕事術は、仕事が複数ある場合、そのままでは適用できないのです。

5章ではそういった問題を解消したうえで、ロケットスタート時間術をあなたの仕事に導入、定着させていきましょう。


4章でお話ししたのは、すべて10日単位の仕事における時間術の内容でした。最初の2日間で、と繰り返していたのは10日間という時間に対応しています。

しかし実際には、1か月や半年、1年かかるといった長期のプロジェクトを抱えている方もいるでしょう。その場合、最初の2割の期間は数十日などの長い期間にわたることになります。4章のメソッドに従えば、数十日間ものあいだ、「20倍界王拳」を発動するということになりますが、現実的には不可能です。

では、長期の仕事を抱えているあなたはどうすればいいのでしょうか?

まずは仕事を縦に切れ、です。

本の編集者の仕事を例にします。文芸書など、作家の執筆に時間がかかる本の場合、1冊の本を作るのに丸1年かかったりします。そのような場合、左ページの図のようにまずその仕事をざっくり大きく3つに切り分けます。

①原稿の執筆↓5か月
②その修正↓3か月
③著者と編集者のチェック・印刷工程↓4か月

次に3つの仕事を、さらに縦に3つに切り分けます。

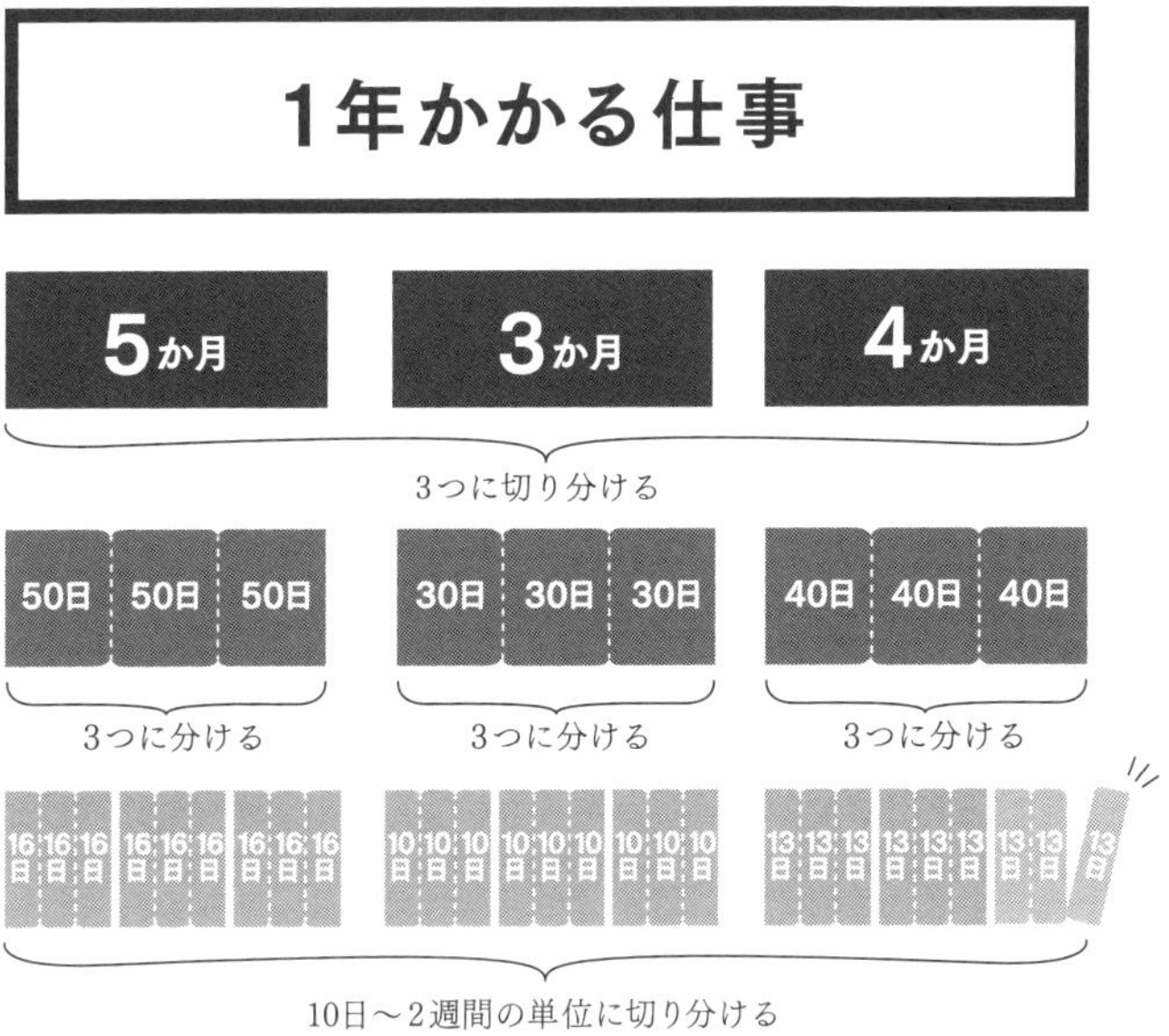

①5か月（150日）の仕事＝50日×3つ

②3か月（90日）の仕事＝30日×3つ

③4か月（120日）の仕事＝40日×3つ

最後にこれらの仕事を、さらに10日～2週間程度の小さな仕事にまで切り分けます。

・50日の仕事＝16日×3つ

・30日の仕事＝10日×3つ

・40日の仕事＝13日×3つ

こうしてやっと1年かかる仕事が10日～16日単位の仕事になったわけです。

ここまでくれば、もう世の中の編集者たちも迷うことはありません。4章でお話しした時間術を使い、どんどん仕事をやっていきましょう。

小さな仕事はいろいろあると思いますが、たとえば編集者なら、執筆の依頼から打合せ、企画立案、実際に執筆を始めてもらうまでが、大体16日くらいではないでしょうか。こうした仕事はすべておのおのをロケットスタートで進めていきます。

小さな仕事をしていく中で、さらに小さな仕事が立ち現われてくることがあるかと思います。たとえば企画書を作るなどの1日かかりそうな仕事。この場合は4章で紹介したとおり、午前中に8割方終わらせて、午後に流しで完成まで持っていきます。

もっと小さい仕事もあると思います。たとえば編集者なら著者に執筆依頼の手紙をしたためる仕事などがそれにあたります。これは大体3時間程度で終わるのではないでしょうか。こうした極小な仕事もロケットスタートです。1時間で8割方終わらせ、残りの2時間は流して完成まで持っていきます。

このように長期の仕事は小さく切り分け、各々にロケットスタート時間術を仕掛けていくわけです。

これで長期にわたるあなたの仕事も、必ず終わります。

「並行して進む仕事」は1日を横に切る

仕事を縦に切り分ける方法は、一つの長期の仕事に集中して向き合える場合にのみ有効です。しかし多くの職種では、複数の仕事を並行して行うことがあります。

ふたたび本の編集者の仕事を見ていきましょう。彼らは無謀にも、ある期間に2冊3冊と並行して本を作ろうとしています。平均的な本1冊の編集に大体5か月程度かかるとしましょう（ここでは、企画立案から文章の校正終了までを編集と呼びます）。

今が4月とした場合、並行して進んでいる3冊のうち、本Aは5か月後の9月に、本B

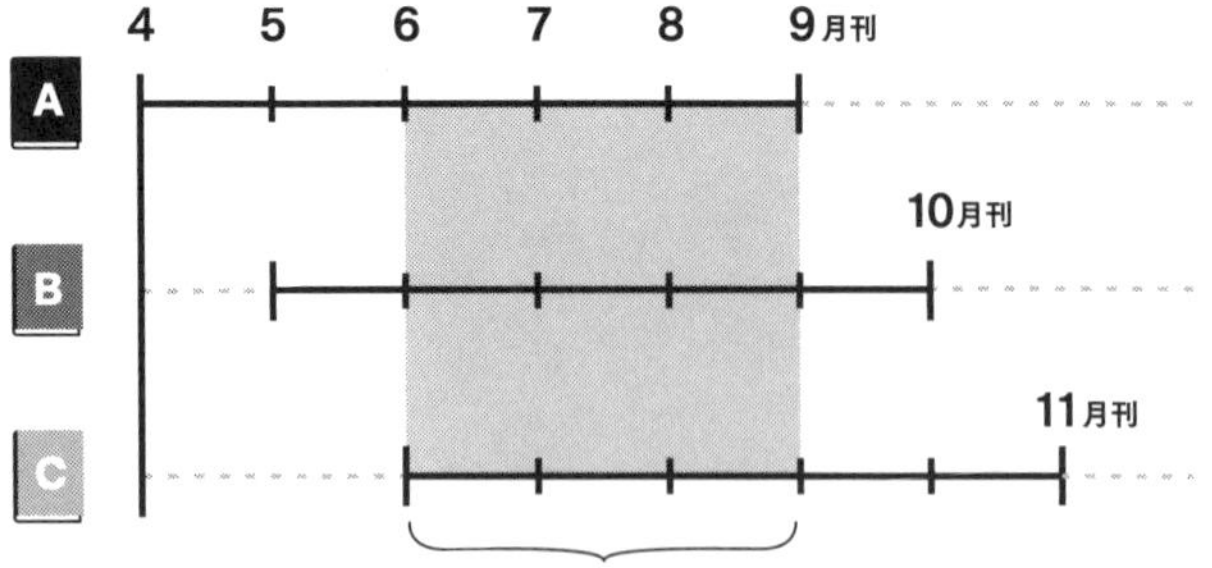

は6か月後の10月に、本Cは7か月後の11月に出るとします。

上の図をご覧ください。3冊分の編集が重なっている期間があります。これはキツいです。編集者が締め切りを守れないのも無理はありません。実際、多くの出版社の編集者は私に原稿の締め切りをキツく言い渡すのに、原稿チェックは当然のように遅れる「興味深い」方ばかりです。

まず、3冊の編集はいずれも5か月にわたる長期的な仕事なので、これらを縦に切り分けて10日〜14日程度のブロックにします。そうして切り分けた仕事を、ロケットスタート時間術を使ってこなしていきます。

しかしそれでは、1冊終わるまで次の1冊に取り掛かれないことになってしまいます。先ほど見たように、編集者は同時並行的に本の編集をしなければなりません。これでは本が出せなくなります。だから諦めなければいけないのかと言えばそうではありません。

複数の仕事が並行している場合は、1日を横に切れ、です。

仮に1日に12時間仕事をするとしましょう。複数の大きな仕事を抱えている方は、それくらいしないと終わらないでしょう。実際私は、朝4時から夜10時半までですから、1日18時間半ほど仕事をしている計算になります。難しいと思うかもしれませんが、仮眠も複数回取りますし、午後以降は完全に気持ちを切り離し「流し」で仕事をしているわけですから、遊んでいるようなものです。つまり、午後以降の「流し」の期間にシームレスに「休息」を取っているのです。どうすればそんなに仕事に向き合えるようになるんだ？と疑問に思われた方には、また次の章で詳しくお話しします。

話が労働時間の話に逸れてしまいましたが、大きな仕事を複数走らせている場合、まず次ページの図のように、1日を朝・昼・夜の3つに切り分けます。12時間働く場合、それぞれ4時間ずつあります。そうして朝に1冊目の編集、昼に2冊目の編集、夜に3冊目の

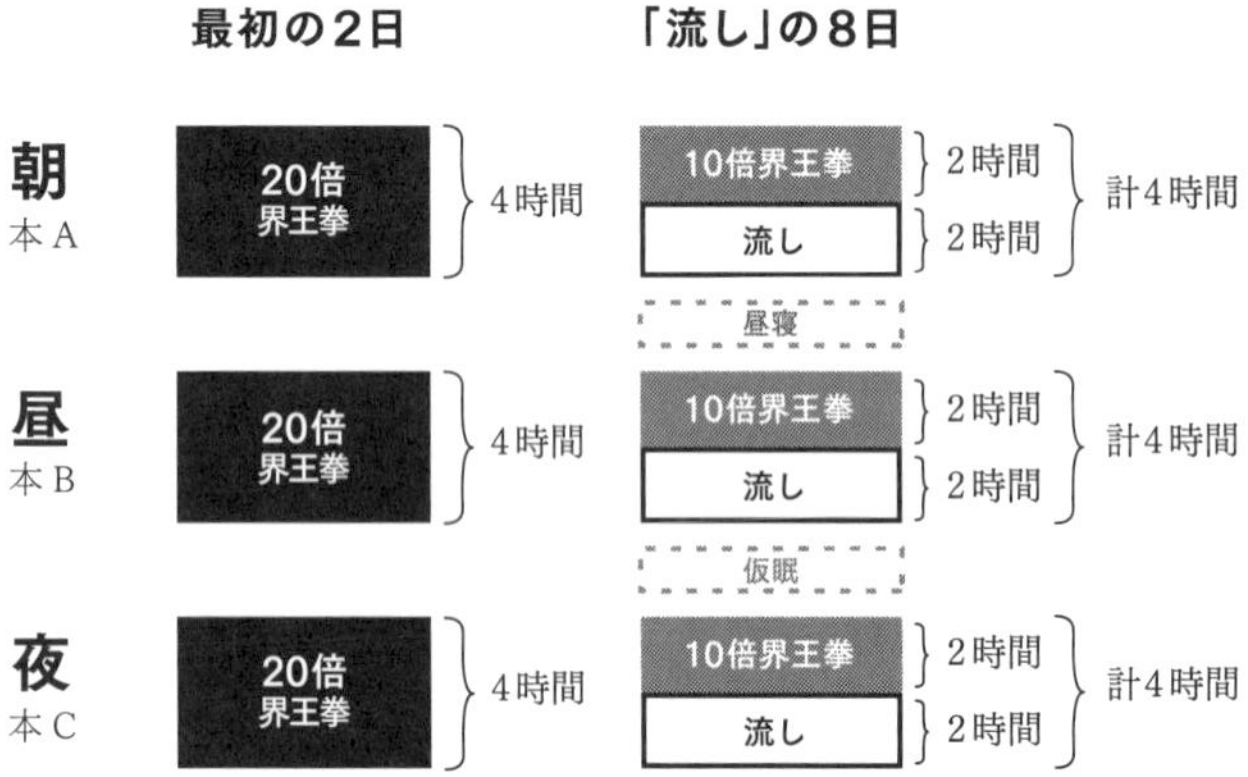

編集をしていきます。

この3つの4時間の中でも、「界王拳↓流し」の時間術は堅持します。最初の2日は、ずっと20倍界王拳を使いますが、3日目以降は、仕事始めの2時間に10倍界王拳を使い、残りの2時間は「流し」ます。

要するに、通常の時間術を4時間単位に縮小して3つ並べただけです。基本は変わりません。メールや電話への返事、会議などの雑務も流しの時間にやります。流しの時間は2時間×3回ありますので、その中で適宜こなしていきましょう。

とはいえ1日に3つの仕事を順にやっていくのも大変です。ですから仕事の合間に睡眠を取るのも大事です。4章でお話ししたとおり、昼寝は脳の老廃物を取り除く唯一の方法です。睡眠は積極的に取って頭を上手に切り替えていきましょう。

ただし、並行すると言ってもマルチタスクは絶対にしません。**Aの仕事をしているときにBやCの仕事のことを考えないようにしましょう。**そうした頭の中のマルチタスクを防ぐために、わざわざ1日を3分割しているのです。今やっている仕事だけに集中してください。ある仕事をやっているときに、ほかの仕事のことを考えていると、その仕事は終わりません。


多くの大きな仕事を並行して抱えている期間でも、実際には各仕事の納期（この例の場合はそれぞれの本の発売日）はズレているでしょうから、次ページの図のように適宜20倍界王拳を使わなければいけない時期を散らすことができると思います。あまりに重なるときは、うまく調整してかぶらないようにしてみてください。

また、1日にメインの仕事を3つ抱えているというのはあくまで一つの例にすぎません。ですからもしも4つも5つも抱えている場合は、1日を4つないしは5つに横に切ってください。

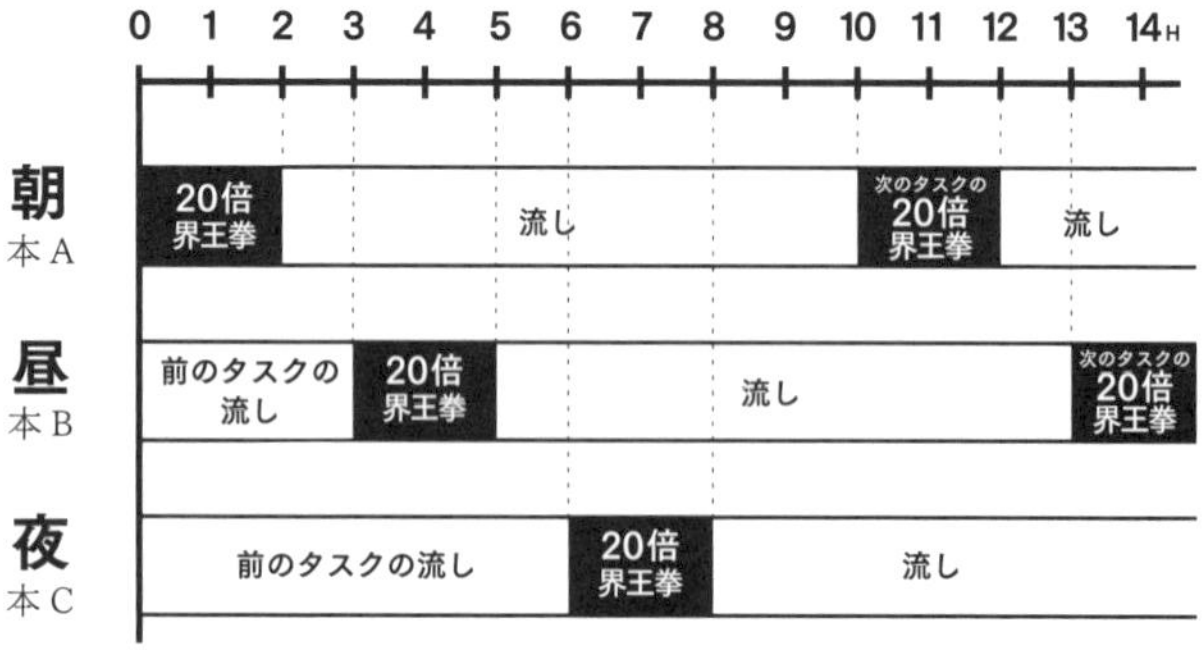

が……、実際には私は、あまり多くの大きな仕事を並行して抱えて仕事をすることを推奨していません。実際には3つの時点で結構限界だと思います。できれば3つの仕事の並行もやめていただきたいほどです。

ですから、あまりに多くの大きな仕事を抱えているときは、4章でお伝えした、上司に納期延長を申し出る方法を使って抱える仕事自体を減らす工夫をしてみてください。理想は、大きな仕事は1つだけにして、その大きな仕事が終わった後に次の大きな仕事に取り掛かることです。

ここでお伝えした1日を横に切る方法は、あくまで「ロケットスタート時間術を本格導入するための移行期間において、今抱えすぎている仕事を減らしていくための救急措置」だと理解してください。

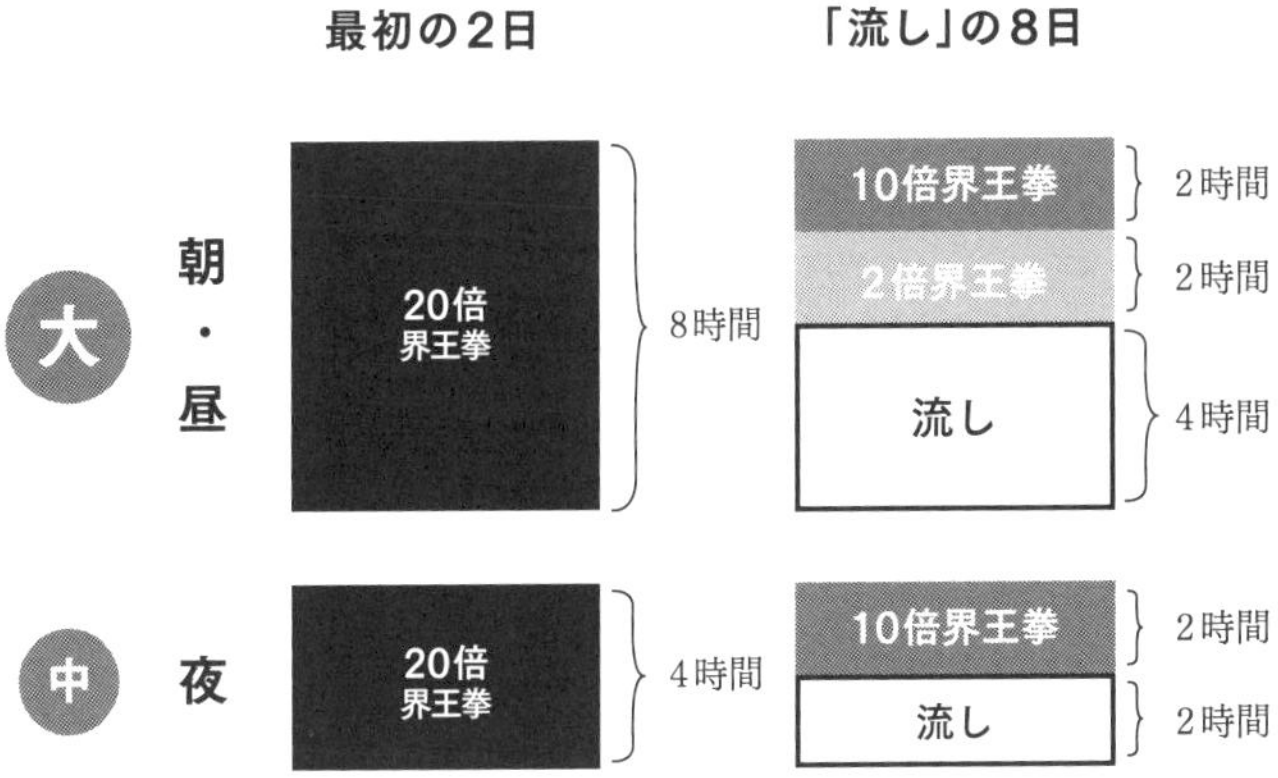

また、大きな仕事と中くらいの仕事が2つ並行しているときは、上の図のように、前半8時間：後半4時間に切り分けるのも有効です。

臨機応変にやっていきましょう。決して忘れてはいけないことは、「取り掛かりを前倒しする精神を持つこと」「やる以上はロケットスタートで一気に仕事の全体を終わらせること」です。同時に流しの期間を持つことで最大限のスラックを確保していきましょう。

こうしてあなたの仕事は終わります。

大きな仕事と小さな仕事が並行している場合

先ほど、長期的な仕事をどう進行していくかという話をしてきました。多くの方はこの方法によって、時間をうまく使えると思います。

ただ、その方法にあてはめられない仕事をしている方もいるでしょう。それは大きな仕事と小さな仕事を並行している、というケースです。

たとえば私もその部類に入ります。ソフトウェアの開発を長期的に進行するのと同時に、週に1回メールマガジンを書かなければなりません。また、私の同僚もソフトウェアの開発をする一方で、毎日いろいろと新しい技術の勉強をしています。

このように大きな仕事と小さな仕事が重なっている場合、どのようなスケジュールの立て方が良いのでしょうか。

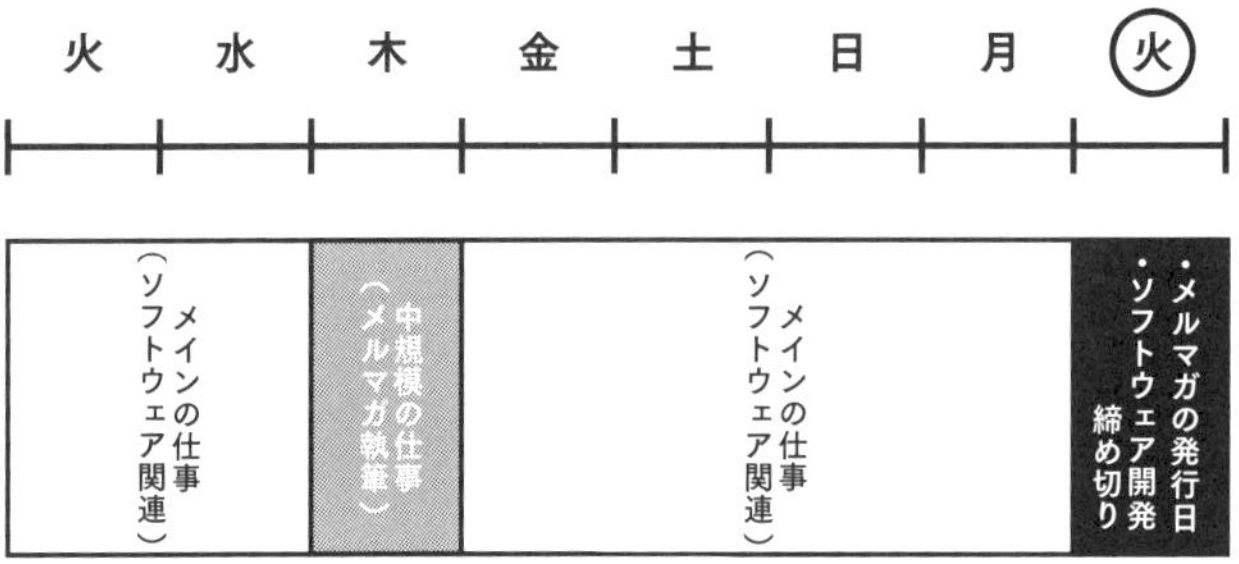
あえてメルマガは書かずネタを集める

私の仕事の例を見ていきます。仮に今日が火曜日だとします。ソフトウェアの開発とメルマガの両方とも、来週火曜日が締め切りだとしましょう。

この場合私は、木曜日にメルマガの執筆をし、それ以外はソフトウェアの開発をします。上の図をご覧ください。ちょうどメルマガの執筆をソフトウェアの開発でサンドイッチするようなイメージです。

メルマガの発行は火曜日です。ラストスパート志向の人ならきっと「火曜日に書けばいいや」と思うでしょう。そして、メルマガのことは置いておいて、月曜日までソフトウェアの開発にいそしみます。しかしラストスパートをかけても仕事は終わりませんから、火曜日にメルマガを書く時間が無くなります。そうして火曜日の深夜、満を持して「発行日延期のお詫び」

と題したメールを配信する羽目になるわけです。

そうならないための、ロケットスタート志向です。メルマガの執筆を木曜日にやってしまうのはそういうことです。

スタートダッシュが大事だとはいえ、火曜から水曜の間に執筆することはしません。なぜならメルマガはネタ探しの期間が必要だからです。ネタ探しは大事な仕事ですが、とはいえ界王拳を使ってするものでもありません。ですので、ソフトウェア開発をやりつつ、流しの時間にネタ探しをします。そうすれば準備がととのった木曜日は、スムーズに執筆することができます。

これであなたの仕事は終わります。

では、大きな仕事に加えて小さな仕事を毎日しなければならない場合、どうすればいいでしょうか。ソフトウェアの開発を行いつつ、新しい技術の勉強をするといった場合です。実際に多くの人が勉強を続けられない現実を考えると、これは結構大変なことです。

こういう場合は、4章でお話しした基本の型の「流し」の時間に新しい技術の勉強をするだけです。あなたはすでに勉強をする時間も手に入れていたのです。

これであなたの勉強も終わります。

それでもうまくいかなかったら

再三にわたって「あなたの仕事は終わります」と言ってきましたが、時間術をカスタマイズして挑んでもなお、仕事が終わらないことがあります。

つまずきやすいポイントは次の3点です。

- **集中力が足りない**
- **仕事が自分のキャパシティを超えている**
- **ほかの人の仕事が遅れている**

まず集中力についてですが、最も効果的なのは朝型に切り替えることです。

朝に仕事をするメリットは、**「メールをチェックする必要がない」「話しかけてくる人が**

いない」「外部要因の締め切りが設定できる」の3つでした。この3つによって集中力が研ぎ澄まされます。だから私は朝4時に起きるようにしています。詳しくは4章をもう一度ご覧ください。

ほかに朝型のいいところは、**集中して仕事に取り組める時間が増える**ことです。

たとえば1時間早起きすれば、物理的に働ける時間は1時間増えます。また、早起きするためには早寝が必要になりますから、夕方以降のんびりと仕事をしたり、飲み会に費やしていた時間に仕事を頑張れます。

それはいいのですが、朝4時に起きるというのはなかなかハードルが高いと思います。ですので、まずは出社を1時間早めることから始めてみましょう。急ぎの仕事も終わらせている状態ならば、余裕を持って1時間早く寝て、1時間早く起きれば1時間早く出社できます。

出社1時間ならば会社にはまだ周りに人がいないので、集中して仕事をすることができます。1時間出社前にカフェで仕事をするのもいいでしょう。

そうして1時間の早起き習慣が体の芯まで身に付いたら、次に2時間早く寝て、2時間早起きすることを続けてみましょう。このような調子で、無理せず朝の仕事の時間を徐々に伸ばしていきます。

朝早く起きたら眠くて効率が逆に落ちると思う方もいるでしょうか。ところが本書は3章から4章にわたる2章分で積極的に昼寝を推奨しています。眠気に無理して立ち向かう必要はありません。仮眠を駆使して朝型の生活に馴れていきましょう。

ちなみに、**人がある習慣を身に付けるには、平均で同じ行動を66日続ける必要がある**ことが、ロンドン大学のフィリパ・ラリー博士（※1）らの研究でわかっています。平均ですので一概には言えませんが、ほぼ丸々2か月はかかるということです。ですから早起きの習慣を身に付けるにはまず「○時に起きる」と決め、それを2か月続けてみてください。

また、フィリパ・ラリー博士の研究では、たまに行動に失敗した（たとえば朝起きられなかった日があった）としても、それに気を病まずに気楽に続けた人が習慣化に成功しているそうです。

ですから、まず2か月間「○時に起きる」ことだけを気軽にやってみましょう。なかには早く寝られなかった日もあるでしょうが、ここでも完璧を目指さず、とりあえず○時に起きることは堅持しましょう。すると、体のリズムも勝手に合ってきます。

次にキャパシティについてですが、これはもう、無理だと思った仕事は納期延長を申し出るしかありません。

私の経験上、締め切りまで余裕を持っていれば、納期延長を申し出ても認められる可能性が高いです。反対に締め切り直前になって締め切り延長を申し出ても怒られるだけです。上司にとって、締め切り間際に自分の仕事を増やされるのは本当に迷惑なことだからです。私はそれを上司として働き始めてから、痛いほど実感してきました。だからこそ見積もりは非常に重要なのです。

「キャパシティなんて気合で乗り越えられる！」

そういった考えの人が一部にいるということもわかっています。

あなたは上司から与えられた仕事は、無理をしてでもなんとか引き受けようとします。たくさんの仕事を抱えて頑張っているあなたは、ビジネスマンとしての生きがいを感じます。そうして仕事を締め切りまでに終わらせたあなたは、上司から褒められ、出世にいい影響があったことを喜びます。

それはいいのですが、そうした努力の仕方は継続しません。そもそも今までそのやり方を続けてきた結果、あなたは疲弊しているわけですから、いいやり方であるはずがありません。

時間術を導入してもなお仕事が終わらない人は、今後受ける仕事の量を物理的に減らしていくしかありません。そのためにもまず、新しい仕事を振られたら、「それまでに終わるか検証したいので、まずは2日ください」と切り出すところから始めましょう。そのうえで、1日を横に切り、マルチタスクをやめ、20倍界王拳を使うなど駆使してください。

しかし、そうまでして2日後にほとんどの仕事を終えられていなかったら、その仕事は終わりません。その状況を続けていけば、あなたが疲れ果てていくことは火を見るより明らかです。ですからそのときは上司に「この仕事を10日で終わらせるのはとても難しいと思います」と正直に言いましょう。

あなたの仕事は規則を守ることではない

ここで少々話が脱線しますが、仕事を減らすためには、ときには会社の面倒な規則に違反することを覚悟で効率化を図る、という選択もあり得ます。

1章で「アメリカ人は意味を考える」という話がありましたよね。アメリカでは息子が熱を出して病院に送っているという理由があれば、速度制限を超えて走っても見逃されることがあります。そもそもあなたは本書の時間術を「会社での仕事の成果を上げるため」に用いているはずです。であれば、**時間術の活用にとって障害となる会社の規則を免除してもらうよう動くことは、正当な行為です。**

私が会社の規則を無視した一例として、「清掃員ジョーの話」というものがあります。

マイクロソフトでは、毎回プログラムを書き換えたときに、誰かほかのチームメンバーにチェックして名前を入力してもらうという規則がありました。それはいいのですが、問題は夜中すぎになるとチェックしてもらう同僚がいないということでした。当時私は昼夜を忘れて開発に熱中していたので、気づけばオフィスには私一人しかいなかったという日々が続いていたのです。

そこで思いついたのが、架空の清掃員・ジョーにプログラムをチェックしてもらうというジョークでした。プログラムの末尾に"code review by Janitor Joe"（清掃員ジョーによるコードレビュー済み）という文言を付け足したのです。というのも夜中にオフィスで働いていると聞こえるのは清掃員の掃除機の音だけで、それが印象的だったからです。

最初は冗談のつもりでしたが、残念なことにとくに誰にも注意されなかったので、それ以来毎日のように"code review by Janitor Joe"と書くのが日課になっていました。

少し経つと、事に気づいたほかのエンジニアが私のマネをするようになってしまいました。そのため「架空の人物によるコードレビューは禁止」という意味不明なルールが出来ました。しかし、そのころには開発も一段落していたので、その後は夜遅くまでオフィスに残って清掃員ジョーを召喚する必要もなくなりました。

この話で言いたいことは、会社の規則は最低限守るべきものにすぎないということです。上司に逆らってはいけないというのは暗黙の了解にすぎません。何か社会の論理や会社の規則のように考えている人もいますが、そんなことはありません。先ほど言ったように、会社のためになることならば、上司に逆らうことも大切です。

ちなみに数年後にWindowsチームのメンバーと出会ったとき、元同僚に「君は伝説を作った男だ」と言われました。「どういうこと？」と聞くと、どうやら架空の清掃員・ジョーをものすごい勢いで召喚していた人物として、マイクロソフト社内で語り継がれていたようです。


あなたの役割は規則を守ることではなく、仕事を終わらせることです。

ほかの人の仕事が遅れたら「モックアップ」を作る

話が脱線しました。最後に、ほかの人の仕事が遅れているときについてですが、じつはこれはあなた次第で改善することが可能です。

ふつう、ほかの人の仕事が遅れていると、「自分もゆっくり仕事しよう」と考えがちです。これは最悪です。せっかく自分の仕事を終わらせようとしているのに、ほかの人の動きに引きずられて自分の仕事を遅らせていたら、あなたの人生はまったくこれまでと変わらないことになってしまうからです。ではどうすればいいでしょうか。

まずはそもそも、「他人の仕事は遅れるもの」という認識を強く持つことからはじめましょう。4章の冒頭でお話しした「100人に1人もできないこと」が何だったかを思い出してみてください。100人に1人もできないことは「期限どおりに仕事を終わらせること」でした。すなわち、**ほとんどの人が納期に仕事を間に合わせられないことは、容易に予想のつく誤差の一つです。**そういう誤差にうまく対応するために、わざわざ流しの期間を設けているわけですから、その余裕を利用して対処していくことは当然です。

そういったマインドセットをあらかじめ持ちながら、人の仕事が終わらなかったときに私がするのは、簡単なモックアップを作ることです。モックアップとは、「完成間近の模型」のことです。

3章の「なんちゃってATOK」の話を覚えているでしょうか。私はATOK開発側のジャストシステムとマイクロソフト両方の機能のすり合わせが難しかったため、モックアップを作りました。それが漢字を10個ほどしか変換できない「なんちゃってATOK」でした。しかし、それがあれば、私はジャストシステムによる本物のATOKの完成を待たずに、Windows側の機能を実装することができました。これがモックアップの考え方です。

車の話でたとえてみましょう。

あなたはエンジンの開発担当者で、ロケットスタートを仕掛けて期限どおりにエンジンをほぼ完成のところまで組み上げました。しかし、シャーシ（車体）の作成担当者がいっこうに仕事を終わらせず、エンジンとシャーシの接合部分の規格が決まらないため、あなたが担当する接合部分の作成ができません。

そんなときはとりあえず他人の動きは無視して、自分が進められることを淡々とこなしていきます。私なら木や粘土、発泡スチロールなどを駆使してでもシャーシの模型を組み上げます。モックアップです。そうしてその模型に合う結合部分をとりあえず作っておきます。あとは、自分が進められるほかの仕事を進めながら、シャーシの完成を待つだけです。

これは2章の「課題を分割してカレーライスを作る」という話の応用編です。**相手が仕事を終わらせないことと、あなたの仕事が進められないことは、厳密に考えると別の問題です。**だから、相手の仕事が上がってこなくても、何とか自分の仕事が進められないか徹底的に考え、自分にできる仕事を進めていくのです。

相手が遅れたからといって、現時点での自分の仕事の納期に少しの余裕を持てたことを喜んではいけません。なぜなら次の仕事の着手に遅れることで、将来のあなたがスラックを失ってしまうからです。

そうは言っても、確かに相手の仕事が遅れることで、その仕事自体がなくなるほどの痛手になる場合もあります。そこまできそうだったら、さすがに私もその人の仕事を流しの期間を使ってやってしまいます。ただしそのような事態が続くようなら、パートナーを変えるか、他部署への異動も検討するべきでしょう。私自身3章でお話ししたとおり、次世代OSの制作をいっこうに進めないカイロのチームから自ら声を挙げて離れ、シカゴのチームでWindows95を開発・発売にまでこぎつけたのですから。

自ら声を挙げて自分が移りたいチームに異動する方法は、6章で詳しくお話しします。

あと、あまりに仕事が遅い人には、本書をそっとその人のデスクの上に置いておくのも一つの手ではあるでしょう……。

結局、まず仕事が来たら

本章ではすでに仕事に追われている人が、時間術を導入するための考え方について見てきました。大きくは次の3点に集約されます。

- **大きな仕事は縦に切り分ける**
- **複数の仕事が並行するときは、1日を横に切り分ける**
- **それでもダメなら納期延長を申し出る**

まず可能な人は、とりあえず2日待ってもらいましょう。「来週の金曜日までにお願い」と頼まれたら、「仕事が終わるかどうか判断したいので、2日間待っていただけませんか」とお願いするのです。つまりこれが4章でお話しした見積もりという行為です。

しかし多くの仕事は10日では完了しません。数か月から1年以上かかる仕事はたくさんあります。

そんなときは、仕事を10日~14日程度で終わる小さな仕事に切り分けましょう。切り分けることで、4章で紹介した時間術を適用することができます。これが縦に切り分けるという作業です。

また、多くの仕事は一つひとつ順番にやってくるわけではありません。複数の仕事を同時並行的にやらなければならないことのほうが多いのではないでしょうか。

そんなときは、抱えている仕事の数ごとに1日を切り分けていきます。3つの仕事の締め切りが同じころに迫っているとしたら、1日を3つに切り分けます。3つに分かれた時間を、それぞれ通常の1日ととらえて仕事をします。これが横に切り分けるという作業です。

また朝型に生活習慣を変え、仮眠を駆使することで、集中できる時間を物理的に増やしていきましょう。

以上で私の持つ時間術のノウハウは、すべて余すところなく伝え切りました。本書のミッションはおおむね達成されたとみて良いでしょう。おめでとうございます。あなたの仕事が終わることを願っています。

本章でお伝えした各項目は、一般の人がロケットスタート時間術を導入するときにつまずきがちなポイントそれぞれについて詳しく解説したものです。本書の方法を試してみて、うまくいかないことがあったら、つまずいていそうな部分の解説を読みなおしてみてください。思いつく限りの注意点も細かく書き込んでいます。必ずこの時間術をあなたの仕事に導入することができるはずです。

しかし、私にはまだほかに伝えたいことがあります。それは、仕事をするうえで考えてほしいことであり、これからあなたが新しい人生を歩むうえで向き合っておいたほうがいいと断言できることです。

それはこの本を書くことになった私自身の人生から得た教訓めいた側面も持っています。やや説教臭いと思われるかもしれませんが、ここまで私の語りに付き合ってきてくれたあなただからこそ、最後まで読んでほしいと願って書きました。それが次の6章です。

いささか抽象的な紹介になってしまいました。煩わしい宣伝文句はこのくらいにして、最後の章へと進んでいただければと思います。

（※1）Phillippa Lally, Cornelia H. M. van Jaarsveld, Henry W. W. Potts and Jane Wardle, October 2010 , How are habits formed: Modelling habit formation in the real world, European Journal of Social Psychology, Vol 40Issue 6

6

時間を制する者は、人生を制す

目的があれば、勉強はたやすい

本書もいよいよ最終局面を迎えました。とりあえず、今までどおり前の章をおさらいしておきましょう。5章ではロケットスタート時間術のカスタマイズ方法をお話ししました。

ポイントは

①大きな仕事は縦に切り分ける
②複数の仕事が並行するときは、1日を横に切り分ける
③それでもダメなら納期延長を申し出る

の3つでした。

また、ほかの人の仕事が遅れているせいで、自分の仕事が進まないケースの対処法も紹介しました。5章でお話ししたように、4章でお話しした時間術を自分なりにカスタマイズすれば、あなたの時間の使い方は必ず変わっていきます。

ところで、**時間の使い方が変わると、仕事だけでなくあなたの人生のいろいろなところが変わっていきます。**なぜなら時間とは仕事のためだけにあるものではないからです。

本書は、ただテクニックを書いただけの本ではありません。そのテクニックがどのように人生に関わっていくかまで解き明かしていきます。それを行うのがこの6章です。

人生といっても範囲が広すぎるので、まずは勉強についての話をしていきましょう。読者のみなさんの中には、きっと将来のために資格の勉強をしている方もたくさんいらっしゃると思います。

そこで私なりの勉強に対する考えを述べたいと思います。

一言で言えば、目的のない勉強はするな、です。

正確に言えば、**勉強のための勉強に意味はない**ということです。

勉強のための勉強というのは、「なんとなく将来役立つかもしれないから」などの漠然とした理由で臨む勉強のことです。明確な目的のない勉強と言ってもいいでしょう。そういう勉強は得てして長続きしません。

私も「なんとなく」という理由で勉強したいことはあります。近年世界をにぎわせている人工知能なんかは、おもしろそうなので詳しく知りたいと思っています。将来役立つような気もしますし。

けれどもそういった理由で勉強しても長続きしないし、途中で挫折することはわかっています。だから私は、何かきっかけがあるまで人工知能の勉強はしないようにしています。きっかけというのは、たとえば仕事で人工知能を使ったソフトウェアを開発することになる、といった機会です。そんなソフトウェアを開発するためには人工知能の知識が必要になります。そのように明確な目標が決まって初めて調べ出します。勉強ではなく調べるのがキモです。

実際に私は、本業であるプログラミングについても「なんとなく」で勉強することはありません。もっといえば、私はプログラミングの勉強をしたことがありません。

プログラムはすべて、あるソフトウェアを動かすための一つの構成要素です。プログラミングとは、その要素を作るための方法です。だから、将来役に立ちそうだからという漠然とした目標の下でプログラミング自体を勉強しようと思っても、つまらなくて長続きしないし、身に付きません。

一方、私はもともとコンピューターでゲームがしたい、というところからプログラマーのキャリアがスタートしました。つまり「ゲームを作るため」という明確な目標があったのです。だからプログラミングも挫折せずに続けられました。

ではプログラミングをどのように習得していったのかというと、これは「やりながら覚えた」という答えになります。何かやりたいことがあって、それを実行するときに必要なものだけを参考書や解説書から拾ってきて使う。実際に作ってみる。それの繰り返しです。

その例として、私が3年前に開発したアプリの話をします。

プログラムの世界にOpenGLという3Dグラフィックの最新技術があります。以前からずっと勉強したかったのですが、必要がないので勉強は保留にしていました。しかし、3年前にあるアプリを開発する際に必要になるという機会に恵まれました。

そのアプリは、スマートフォンのカメラを向けると景色や人がリアルタイムでアニメーション風に描画されるというカメラアプリでした。これはVideo Shader（ビデオシェーダー）として2013年に公開されました。

開発に当たっては、GPU（グラフィックス プロセッシング ユニット。パソコンやスマホ等の画像処理を担当する主要な部品の一つ）を使った高速な画像処理を行う必要があったので、OpenGL の説明書を読み、その機能を実装するために必要なことを調べました。そうして OpenGL のグラフィック技術をビデオシェーダーに組み込むことができました。この、アプリに必要な機能の作り方を調べて、実際に作って実装していく、を繰り返していくなかで私は OpenGL について詳しくなっていきました。勉強という勉強はしていないにもかかわらずです。

OpenGL に詳しいプログラマーはあまり多くないので、周りから私は OpenGL の大家のように扱われました。しかし私はビデオシェーダーを作るのに必要だった知識しか持っていませんから OpenGL に本当に詳しい人からすれば私は「にわか」なのです。

これはたとえば、日曜大工で「ハンマーの使い方」を学ぶのではなく、「くぎの打ち方」を学ぶことに相当します。私にとってはくぎを打つことさえできれば、ハンマーでなくても金属バットでも石でもなんでも十分だからです。

勉強はあくまで手段であり、それ以前に何かやりたいことがなければとくに必要ないのです。そんな暇があったら、もっと本当にやりたいことに時間を注ぎ込むべきです。

崖を飛び降りながら飛行機を組み立てろ

雑誌の英語特集や英語の本。無限に出続けていますね。なんとなく何に使うかわからないけれど、英語を使えるようにしておきたい、というビジネスパーソンはたくさんいると思います。しかし、多くの場合、「英語でこれをしたい」という目的意識がある人は少ないのではないでしょうか。

私は1989年以来アメリカで働いていますが、特別な英会話の勉強をしたことはありません。私は英会話を勉強するためにアメリカに行ったのではなく、マイクロソフトでおもしろいことをするためにアメリカに行ったからです。

そんな考えだったので、最初はたしかに大変でした。相手が何を言っているかは頑張ればわかります。しかし自分が発言しようとして頭の中で文章を組み立てていると、もう話が別の方向に行っているのです。だから会議でもまったく発言できませんでした。

あるとき7人の会議で、私以外の全員がプロジェクトについて明らかに間違った考えをしていることがありました。絶対に私のほうが正しいと思ったのです。このままでは次の会議でも同じことになってしまう、これはなんとかしないといけないという危機感があり、私は初めて必要な英語について調べ出しました。

次回こそはちゃんと言いたいことを言うぞと奮起し、次の会議で発言したい内容を辞書を引いて調べてから会議にのぞむということを繰り返していったのです。そうしているうちに英語は勝手にしゃべれるようになりました。

何かをしたいという衝動があり、必要に迫られれば、人間は大抵のことはできるようになるのです。

衝動があり、必要に迫られる最も代表的な例は恋愛です。たとえばアイルランド人の女の子と知り合って、その人とデートに行きたいと思ったときのことを考えてみましょう。多くの人はこの時英語の勉強を始めます。単語を覚え、文法の勉強をし、英会話学校に通う人もいるかもしれません。流暢な英語を身に付けて、晴れて彼女と円滑なコミュニケーションを図ることができるようになりました。おめでとうございます。

しかし本当にそううまくいくでしょうか。

まずは英語を勉強してから話しかけようと思った人の大半が、その英語の勉強を終えられないでしょう。なぜなら英語ができようができまいが、デートに誘いたいという激しい衝動を持った人は勝手に話しかけるからです。逆に言えば、その子に話しかけたいと思った後、すぐに話しかけない人の思いはその程度でしかないということです。

あー、痩せられたらなと思ってダイエットに失敗し、この知識を持っていればなと思って何かの勉強に手を出して中途半端にそれが終わって……、あなたがいろいろなものにこれまで挫折してきたのは、これと同じ理屈です。

私は、「だからとにかく話しかけましょう」と言いたいわけではありません。**何かの実践のために知識が必要な場合、知識はやりながら覚えていくべきだ**ということを言いたいのです。**つまり、崖を飛び降りながら飛行機を組み立てていくのです。**

勉強しなくても英語を話せるようになる方法

アイルランド人の女の子をデートに誘いたい場合、英会話教室に通ったりする必要はありません。デートに誘うために最低限必要な英語を調べて、実際に誘えばいいだけです。約束を取り付けることに成功した後も同じです。食事を楽しみたいのであれば、食事のときに必要な言葉を調べましょう。長時間話す自信がないのなら、「この後用事があって1時間しかいられないんです」と英語で言う練習をしておきましょう。とりあえず最初のデートのときは、このくらいの準備でいいのではないでしょうか。

これを繰り返していれば、いつしか英語が話せるようになります。

ここで言っておきたいのですが、大事なのは「あなたは彼女とデートがしたくて誘った」ということです。英語の勉強をしたくてデートに誘ったわけではないですよね。ですから完璧な英語を話すことにばかり気を取られないでください。英語なんてコミュニケーションのための一つの手段にすぎません。必要があるときだけ調べておけばいいのです。

洋書を読みたいという動機で英語の勉強をしている方も多いと思うのですが、それなら、辞書を右手に、洋書を左手に持って読み出せばいいのです。「ちょっとそれは……」と躊躇する人は、そもそも英語で何かを読みたいわけではないということかもしれません。だとしたら時間の無駄ですから、すでに出ている翻訳書で我慢するか、その本の翻訳版が出るのを待ちましょう。海外のニュースを読みたいというのも同様です。辞書を引きながら今日から早速読み出せばいいだけです。

ハリウッドで映画を作りたいという場合でも同じです。そういった野望を持つ方は、英語を勉強する前に絵コンテを作ってハリウッドに行くべきです。あなたの目標はハリウッドで映画を作ることであり、英語を身に付けることではありません。もしかすると絵コンテが言語の壁を越えて認められるかもしれません。絵コンテが完成したときに必要なのは自分の絵コンテを英語で説明する能力くらいです。説明のためのスクリプトを作って、それだけ暗記して制作会社に営業にいきましょう。

仮に絵コンテがまだできていないのであれば、英語の勉強どころか、あなたはまずは絵コンテを描き始めるべきです。描き方がわからない？　全然問題ありません。絵コンテの描き方を調べて書き出しましょう。ストーリーの作り方がわからない？　まったく問題ありません。ストーリーの作り方を調べてすぐにストーリーの作成に入りましょう。そういう方法を解説した本は、ごまんと出ています。そのときには、ぜひロケットスタート時間術を使ってみてください。まずは40％の出来栄えでもかまいません。絵コンテにしてもストーリーにしても、想定の2割の時間で一気に全体を書き上げるのです。枝葉や装飾は、その後の8割の時間をかけてゆったりと付加していけば問題ありません。

英語の話は決して大げさな話ではありません。私もそういうことをしてきました。マイクロソフトにおけるすべてのプレゼンの場面で、いつも私は自分の作品と少しの言葉ですべてを伝えてきました。言語の壁はそんなに高くもないし厚くもありません。ただ何かを伝えたいという情熱さえあれば、壁は乗り越えられます。

あなたのやるべきことは英語を勉強することではありません。英語を使って何かをすることです。

……と言いながら、なかには学生さんや、将来やりたい仕事が資格の必要な仕事である人もいるでしょう。たとえば、専門の資格がないと開業できない建築士や公認会計士、弁護士などの職業を目指している人です。私はそういった方や学生が大学に進学するために行う本当に必要な勉強を否定しているわけではありません。将来なんとなく役立ちそうだからという程度の思いで資格の勉強をするのは時間の無駄だとお伝えしているだけです。

そういった方は、3章でお話ししたとおり、学校や塾の授業の前に、次の授業の範囲の問題を自分で解く（英語だったら次の授業に出る英文を日本語に訳しておく）形で予習をして授業にのぞみましょう。これは物理や化学、資格試験の勉強に対しても有効です。そういった教科の場合、授業の前にまず、次の授業で解説される範囲の問題を解くことを予習としてやっておいてください。

こうすると、授業がすばらしく効率的な勉強の時間になるのです。もちろん授業は真剣に受けます。そのとき意識するのは、解けなかった問題や間違っていた問題がなぜ解けなかったのか、何が間違っていたのかを確認することです。わからなかったところは積極的に質問をすると効率的に理解が深まります。

前述しましたが、私はこれを繰り返すことで、ほとんど特別な受験勉強をすることなく早稲田付属高校に受かったので、ぜひ試してみてください。

また、社会人の方がいつ勉強する時間を取ればいいかは、すでにお話ししています。本章のメインの仕事と並行して毎日ブログを書くときの話と同じで、毎日ブログを書く時間（流しの時間）を予習の時間にあてればいいわけです。

その意味で、独学だと復習のための時間が奪われ、効率が悪いと言えば効率が悪いので、社会人の方は、強制的に勉強（復習）の時間を持てるように、学校に通うことを検討してもいいでしょう。それも流しの時間に組み入れてみてください。

集中しなきゃいけない仕事なんかするな

オーバーワークになる仕事を断り、一つの仕事に集中して取り組むことができるようになったとします。時間術の導入はここから始まります。といっても、仕事の量を減らす勇気を持ったあなたは、もう本書の目標である時間術の習得を8割終わらせています。あとはペースを崩さず、本書の仕事のやり方を徐々に身に付けていきましょう。

それで、ここまでの時間術を使っても、どうにも残ってしまう問題があります。

それは、どんな技を駆使しても、どうしても集中できない人です。

きっとこの本を読んでいる人、いや読んでいない人も含めてほとんどの人が困っていると思います。でも私は、そもそも集中力のなさに悩むという行為自体が間違っていると考えています。集中力を要するような仕事をしている時点で違うのです。どういうことでしょうか。

それは、「自分が本当にやりたいことを見つけろ」という、とても単純な話です。言い方を変えて「わがままに生きろ」でも「自分に正直に生きろ」でも「本能にしたがえ」でも良いのですが、結局のところは「一度しかない人生、思いっきり楽しもうぜ」という話です。

集中力を無理に引き出さなければいけない仕事をそもそもするな、ということです。そういった仕事は、本当はあなたがやりたくない仕事であり、そもそもそういう仕事に対して本質的な集中力を発揮するのは難しいという話です。

天職という言葉があります。サッカーの本田圭佑君やフィギュアスケートの羽生結弦君のような「その道の達人」のことを指すと勘違いしている人もいますが、それは少し違います。

天職とは、「運命で定められた、天から授かった好きで好きでしょうがない職業」のことです。子どもが大好きで子どもたちの心をつかむのが誰よりも上手な小学校の先生。30年もパンを焼き続けてきたのにいまだに「もっとおいしいパンを作りたい」と努力し続けるパン職人なんかは天職に恵まれた例だと思います。言いかえれば天職とは、「傍から見ると苦しそうだが、本人にとってはそのこと自体が喜びであり、いつまでもやっていたい仕事」のことです。

そもそも本田君も羽生君もそのこと自体が好きで好きでしょうがなくて、努力を努力とも思わない圧倒的な努力を積み重ねているのです。私は、そうじゃないのに大成した人を、未だかつて一人として見たことがありません。

「自分には才能がないから天職なんか見つけられない」とネガティブに考える方もいるかもしれませんが、これも間違いです。**重要なのは楽しくて楽しくてしょうがないかどうかの、ただ一点のみだからです。**

人生の時間は、その大半を社会人としてすごします。学校を卒業して就職し、現役から退くまでの30年～40年の間、毎日毎日仕事をしてすごします。つまり人生の半分くらいは仕事なのです。したがって、仕事をいかに楽しめるかが人生における重要な問題になります。天職を見つけられるかどうかは人生という時間を左右するのです。

テニスで世界のトッププレーヤーになるためには、努力だけではなくて才能も必要です。

生まれ持った瞬発力や敏捷性、あるいは単純に身体の大きさがキャリアを左右することはスポーツの世界ではよくあります。テニスコーチをしている人たちの中にも、最初はトッププレーヤーを目指していて途中で挫折した人がいるかもしれません。

しかし、それでもテニスを離れられないからテニスに関わっているのです。小さなスポーツクラブのコーチでもいいから、一分一秒でもテニスに触れていたい。大好きなテニスを一人でも多くの人に教えて、その楽しみを共有したい。

私はそんな生き方はすばらしいと思うのです。それこそ天職と呼ぶべきものだし、人生とはそうあるべきだと思うのです。

そんな天職に就いたとき、あなたはもう集中力を必要としない世界に突入していけるのです。

「ああ、そんな職に就けるはずがないから、自分には関係ない話だ」と思った人も、本書を閉じずに先に進んでください。そういった方への私なりの解決策も、後半でお伝えします。

何を基準に「自分に適した職」を選ぶべきか

私は学生のころからプログラムを趣味で書いていましたが、そのころはまだ、「好きなこと」と「職業」を一致させることの大切さに気づいていませんでした。いくつかの企業を訪問したときには、ほかの学生と同じように「この会社はどのくらい残業させられるのか」などを気にしていました。

しかし、今考えてみれば、この「残業させられる」という考え方が根本的な間違いだったことがわかります。**仕事は「頼まれなくても自分から喜んで残業するほど楽しい仕事か」どうかで選ぶべきなのです。**月曜日が毎週つらくて、毎日夕方5時になるとそわそわし始めるような仕事を選んだら一生後悔します。

これはどんな仕事にも当てはまる話でしょう。仕事をしていれば、無謀なスケジュールに振り回されることもありますし、嫌な上司や顧客に無理難題を突きつけられることもあります。自分が得意ではないことをやらされることもあります。つらいときがまったくないかと言えば嘘になりますが、この職を辞めたいくらい苦痛かと言えば、けっしてそんなことはないのです。

解決できそうになかったバグが取れたときの快感と言ったらないし、新しい言語や開発環境を習得できた後にする全力疾走の解放感が、あまりに格別なのです。

突き放すような言い方で申し訳ありませんが、考えてみてほしいのです。上り坂に出会うたびに、「こんな坂道大嫌いだ、誰がこんなコース設定したんだ。マラソンなんてするんじゃなかった」と考えてばかりいる人が、マラソンを続けることができるでしょうか。そういう人は、遅かれ早かれマラソンの道から離れざるを得なくなるはずです。

集中力は、好きだからこそ自然に出てくるもので、好きでもないものに対して無理やり絞り出すものではないのです。だから、「集中力がほしい」と思って本書を手にした方は、本書のノウハウを使って無理に集中力をひねり出す前に、根本的なその問いに向き合ってほしいのです。

運だけではない「姿勢」の重要性

どんなに無謀なスケジュールや上司に出合おうと、本当にその仕事が好きならば、「この無謀なスケジュールをどうやってしのごうか」とか、「今日徹夜をするよりも、いったん家に帰って寝たほうがトータルでの効率が上がることを証明して、上司の鼻をあかしてやろう」と考えるはずです。本書の時間術もそういった私の人生の過程の中で、自然と見出してきたものなのです。

私自身、無謀なスケジュールを突きつけるプロジェクトマネージャーと徹底的に戦ったことが何度もあるし、役に立たない上司を放り出すために上司の上司に直談判したことが何度もあります。それもこれも、プログラミングが好きだから、自分として納得がいく仕事がしたいから、ただその一点だけからの行動なのです。

ですから今はまだ学生の身分にある方は、まず「どんな仕事なら人に止めろと言われてもいつまでもやっていられるのか?」を試行錯誤してください。具体的な方法としては、いろいろなアルバイトを経験してみることをおすすめします。ちょっとでもおもしろそうだなと思ったアルバイトがあったら思い切って飛び込んでみましょう。学生でいられる期間は限られていますから、いろいろなバイトを掛け持ちでやってみるのがいいでしょう。バイトを募集していない職種なら、インターンで飛び込んでいくのもいいやり方です。インターンの募集すらしていなかったら、「タダ働きでいいので仕事させてください」と飛び込んでいきましょう。

私も、家庭教師や小学生の図画工作の教材の模範作品例を作る仕事やプログラムのバイトなど、いろいろやってみましたが、一番ハマったのがプログラムで、それが生涯続く私の天職になりました。これは「将来のため」という漠然とした思いから何かを勉強してみることよりも、よほど大切なことです。実際、学生の人に「今」この話をしても心にまで響いてくれないかもしれませんが、あなたの少し先を走る人生の一人の先輩の戯言として聞いてください。

あなたの仕事は、学生のうちに天職に繋がる手がかりを探し出すことです。

とはいえ、本書を読んでいる方の多くはすでに仕事に就いていて、やすやすと転職するわけにはいかない責任ある立場にいることでしょう。ですからいまさら人生を変えるために天職を見つけなさいというのも酷な話です。

また、社内の仕事を楽しめと言っても、日々の仕事が忙しかったり、やりたいことを上司がさせてくれなかったり、おもしろいプロジェクトに入れてもらうほどの成果を出していなかったりと、楽しい人生を阻む要因はたくさんあります。

そこでどうやったら好きな仕事ができるようになるのかについて、私の経験にもとづいて述べたいと思います。まずは、社内に今の仕事ではないほかの就きたい仕事がある場合の対応策の話です。

私はパソコンの黎明期から様々なおもしろいプロジェクトに関わってきました。アスキー出版からソフトウェアの「CANDY」をリリースしたのもそうです。マイクロソフトでWindows95やインターネットエクスプローラーのリリースに関わったのもそうです。これらの経験は私のキャリアにおいて大きな財産になっており、とても幸運だったと思います。

とはいえ、すべてが運によってもたらされたものだとは思っていません。

アラン・ケイというコンピューターの世界で有名な人物がいます。彼はオブジェクト指向プログラミングやユーザーインターフェース（ユーザーが直接目にする画面のデザイン設計などに関する功績で知られる、たいへん優れた技術者です。そんな彼の言葉に、**「未来を予測する最善の方法は、それを発明することだ」**というものがあります。私が大好きな言葉の一つです。

現状に満足せず、常に新しいものを求めよう。誰もやったことのない仕事をしよう。人々のライフスタイルに大きなインパクトを与えるプロジェクトを始めよう。そんなチャレンジングな思いがこの言葉に凝縮されています。

私は決して現状に満足したりせず、常に新しいものを求め続けています。いったん自分が関わったら、そのプロジェクトを何としてもおもしろい方向に持っていこうとします。

やりたいことには思い切って飛び込む

私の人生はすべてそのような姿勢で決まったと思っています。

高校生のとき、アスキー出版で働き始めたのは、アポなしで『月刊アスキー』編集部まで押しかけたのがきっかけでした。それも最初はライバル雑誌の『I／O』に別のプログラムを投稿したところ1か月経っても返事もないので、それにしびれを切らしてアスキーにしたという程度のことでした。

マイクロソフトで働くことになったのも、アスキー出版時代の知り合いである古川享さんがマイクロソフトの日本法人を設立したことを新聞記事で知り、「私抜きでそんな楽しいことを始めるのは許せない」とすぐにその場で古川さんに電話したからです。

当時私はNTT武蔵野電気通信研究所にいましたが、普通に考えれば「NTTの研究所」

という安定した職を捨て、当時は一部の人にしか知られていなかった外資系のベンチャー企業に転職するなど自殺行為でした。でも、「マイクロソフトに行けばおもしろいプロジェクトに関わることができるに違いない」と信じた私を止めることができた人は一人もいませんでした。

マイクロソフトの日本法人に入ったものの、本格的な開発はすべてシアトルの本社で行われていることに気がついた私は、機会を見つけては「本社に転籍したい」と言い続け、しまいにはビル・ゲイツに「次世代OSを作っている部署に行きたい」と直談判してアメリカ行きが決まりました。Windows95の開発に関わることができたのも、自分に正直に生きたがゆえです。

Windows95をリリースした直後にインターネットエクスプローラーの開発に関わることになったのも、けっして誰かに頼まれたからではありません。インターネットのシンプルさに惚れ込んだあげく、「僕に任せてくれればネットスケープに対抗できるブラウザを作ることができる」と自分を売り込んでプロジェクトに加えてもらっただけのことです。

マイクロソフトを飛び出してUIEvolutionを設立したのも、すでにマイクロソフトが覇権を握ったPC市場にはおもしろみを感じることができなくなったからです。

常にそういう姿勢でいる人にだけ、チャンスは巡ってくるものなのです。

この経験から言えることは、「本当にやりたいことがあり、そしてそれを成し遂げる熱意があれば、遠慮せずに相手の懐に飛び込んでもなんとかなる」ということです。

やりたい仕事があったら、上司に頼む前にまずやってみる、です。

私の話で言えば、ほとんどのやりたいプロジェクトに関わるために、まずは目に見える成果物（プロトタイプ）を2、3日で完成させて、「これどうですか？　この仕事進めませんか？」と上司のもとに持っていきました。大学生のときに「CANDY」を作ったころからのやり方です。CANDYも、プロトタイプを持っていかなければ、その開発へのGoサインはもらえなかったと思います。

このやり方は、一般のどのような仕事にも応用が可能です。

たとえば、何かの製造業で、新しい何かを開発したい場合、簡単な、なるべくコストをかけない試作品を一台作りましょう。この場合、見てくれはどうでもよくて、張りぼてでもなんでも大丈夫です。発泡スチロールや紙粘土、段ボールを駆使してでも作り上げるのです。そうして目に見えるもの、手に触れられるものを作った段階で、初めて上司に「これ製品化してみませんか？」と持ちかけます。

何かイベントに携わりたいのであれば、まず企画書を作りましょう。その上で、会場や出演者を押さえる必要があれば、仮の話として会場や出演者の予定を聞いて、まずは実現可能かどうかを調べましょう。告知の必要があれば、広告を出す媒体に連絡を取って広告費がいくらになるのかを調べておきましょう。そこまでやって初めて上司に、「これであとはやるだけですが、やってみませんか？」と持ちかけます。

営業部から企画部に移りたいなど部署を移動したいときだって同じです。先のイベントへの関わり方と同じ方法で企画して、もう「実行するだけ」というところまで速攻で生み出し、企画部の上司に持ち込めばいいだけです。

冴えたアイデアを生む思考とは

そんなアイデアは私にない？　それも問題ありません。あなたにいいアイデアが思い浮かばないのは、「売れるものを作らなきゃいけない」「何か天才的でクリエイティブな名案を生み出さなければいけない」と思い込んでいるからです。

いいアイデアとは、自然と出てくるものであり、新しい何かである必要はなく、すでにあるものの組み合わせによる応用にすぎないからです。

どういうことでしょうか。この考え方のヒントに適しているのが、私がWindows95に組み込んだ、ダブルクリックや右クリック、ドラッグ&ドロップなどのアイデアです。

これは当時にしてみれば新しいものでしたが、後から見れば「なんでこんなものがそもそもそれ以前にはついていなかったのか？」と思えるほど普通のものだと思いませんか。

私がWindows95の基本設計を作っているときに真っ先に考えていたのは、純粋に「それまでのWindowsの使い勝手の悪い部分、気に食わない部分はどこか？」という問

いでした。すなわち、いまある製品・サービス・考え方を「何か使い勝手の悪い部分、気に食わない部分はないか？」という視点で眺めてみるのです。

この問いに答えが出れば、あとは冴えたアイデアを出すのは容易になります。なぜなら、「じゃあその使い勝手の悪い部分をすごく使いやすいものに変え、気に食わない部分をストレスフリーにするにはどうすればいいか？」を考え、それを実現すればいいだけだからです。

もう一つの考え方のヒントは、「何か新しい商品・サービス・考え方が出てきたら、それと何かを組み合わせておもしろい物ができないかな？」という視点で世の中を眺めることです。この二つの考え方を統合したときに、Windows95の基本思想が生まれたわけです。

最初にマウスを活用したパソコンは、アップルのMacintoshでした。すでにドラッグ&ドロップのような発想はありました。しかし、アップルのマウスにはボタンが一つしかないため、できることは限られていました。マイクロソフトのマウスはボタンが二つあり、その使い方はソフトウェアエンジニアに任されていました。

そこで私は、アイコンの上で右ボタンをクリックすると、そのアイコンでできることすべてがコンテキストメニューとして表示され、左ボタンをダブルクリックすると、そのメニューの中で、最も頻繁に使う動き（文書ファイルであれば「開く」、音楽ファイルであれば「再生する」）が実行されるというルールを定めることにしたのです。誰にでも理解できる簡単なルールが決まっていれば、簡単に使えるようになるからです。

つまり、二つボタンのあるマウスと、それを使って操作性を一気に向上させるという視点を組み合わせたときに、必然的にダブルクリック、右クリックでコンテキストメニューを表示などの方法が生まれたのです。私にとっては実に自然なことです。

ＣＡＮＤＹも、マウスという、パソコンでの描画性を飛躍的に向上させる新しい機能がついたときに、「これで何かできないかな？」と考えたことと、当時、「設計図の作成には高価な大型コンピューターが必要だけれども、万人が使えるレベルにするため何かできないかな？」と思考していたことが重なって、自然と出てきた企画です。

ほかに私は、２００８年に、Photo Shareという写真共有アプリをリリースしましたが、そのときも「iPhoneにすごくいいカメラがついた」という新しいものの出現と、「自分が撮った写真を人と簡単に共有したいな」という従来からあった自分の願望を組み合わせただけでした。結果ダウンロード数は100万ダウンロードを超え、アメリカではちょっとした社会現象にまでなりました。でも考えてみれば、天才的なひらめきや圧倒的なクリエイティビティがそこにあったかといえば、別にそんなものはなかったわけです。

そう考えると、企画なんて簡単なものに思えてきませんか?

実際のところ、新製品のアイデアを思いつくことは、世の中を丁寧に見ている人には決して難しくないのです。難しいのは、そのアイデアを目に見えて触ることのできる、実際に動く物にしてしまう部分なのです。

ここまで「Windows95以前のWindowsは使い勝手が悪いと思っていた」「CANDYを開発する以前に、機械とかの設計図を容易に描けないものかと考えていた」「Photo Share以前に撮った写真を簡単に人と共有したいと思っていた」という話をしました。こういう、「今ある製品・サービス・考え方に、何か使い勝手の悪い部分、気に食わない部分はないか?」「やりたいことがあるのに、今はまだその願望を満たしてくれる製品やサービスがないな……」という視点で常に世の中を眺め続けることが重要であり、それを習慣化することこそが難しいのです。

ただし習慣化する方法はあります。世の中で疑問に思ったこと、引っ掛かりのあったことに気を配り、即座にメモに残していくことを続ければいいだけです。

たとえば私は、電車の駅の行き先を示す矢印の看板が少しでたらめな方向を向いているだけで、即座に「これはおかしいな」と目が行きます。また、ラーメンが好きなので、ラーメン屋さんに入ると、「麺のゆで方が惜しいんだよな」と気になります。日々の暮らしの中でそういう思考実験を繰り返していると、自然と仕事の中でも改善すべき点が目に付くようになっていくのです。

そうやって仕事に繋がりそうな引っ掛かりが出てくるたびに、どんどんメモに放り込んでいきます。すると自然にそれを解決する方法に出会えるのです。それは多くの場合、新しい何かの問題解決のツールだったりするわけです。この二つが結びついたとき、あなたは最強のプランナーへと変貌を遂げられます。

何かをやりたくて仕方がない人にとっては、企画なんて泉のように湧き出てくるはずです。だって、**あなたは現在の世界・生活に満足していますか？　満足していないからこそ、何かやりたいことがあるはずです。**だとしたら、そこにこそアイデアの種が膨大に埋まっているわけです。

「あー、こういうのあったらな……」「この製品（サービス）ここがちょっと惜しいんだよな……」。その誠に個人的な思いが、明日のイノベーションを起こしているのです。実際、私が関わってきた偉大なイノベーションを起こしてきた人の多くが、この思考で革命的な製品・サービスを生み出していました。

今の環境で夢に近づく方法

社内にやりたい職種がなくて新たな職場に転職するのが難しい？　それすら「飛び込む勇気」さえあれば問題ありません。これまでお話しした企画なり、試作品なりを作って、それをやっている会社に「1か月タダ働きさせてください」と申し入れればいいだけです。

そうやって1か月で成果を挙げられれば、その会社は、あなたを雇わずにはいられなくなるからです。

とはいってもそこまで飛び跳ねたことをできる人は少数でしょう。だからコツを教えます。

今やっている仕事の中で、本当にやりたい仕事に繋がる共通点を見つけ出せ、です。

私の話でいえば、海外の本社に移った話ですが、マイクロソフトの日本法人で、ローカライズ（アメリカ向けに作られていた製品の日本版への転換）の作業とはいえ「OSの仕事に携わっている」というただ一点の共通点だけを押したのです。ビル・ゲイツ本人に「米本社でOSの開発に携わらせてほしい」と申し出て、それが認められました。

私の知り合いの知り合いに、長年、工場派遣労働勤務だった人がいます。その人はつい最近、中堅広告代理店の正社員営業マンの職に転職しました。彼は面接でこう話したそうです。

「工場の中で、上司やほかのスタッフと潤沢なコミュニケーションを取って職場の雰囲気を良くしました。それが仕事の中の最高の喜びでした。だから人とコミュニケーションを取り、人を喜ばせることのできる営業職に就きたいのです」

また、とある資格試験の予備校の職員をしていた知人は、元々銀行で働きたいと思っていました。そこで自分の仕事の中に、「いろいろな大学への出張講義・講座の提供」が含まれていることに注目しました。それは大きくとらえれば法人営業の一部です。そこでその法人営業での実績を携え、一点突破で新卒時から働きたかったメガバンクに転職を果たしたのです。彼女は銀行の面接でこう話したそうです。

「現職の中で最大の喜びは、大学に出張講座の提案に行き、受け入れてもらえた瞬間でした。結果、○○大学と××大学、□□大学でうちの出張講座を導入いただけたのですが、なぜそれが喜びだったかというと、通常の自社内での講座に比べ、一気に多くの学生さんのお役に立てる機会が増えるからです。出張講座内からは○人の合格者を出すことができました。そのときに、人の人生に深く、かつ広く関わることのできる仕事をしたいと考え、御行で法人営業の職に就きたいと考えました」

本章冒頭の「勉強はするな」の項目の中でお話ししたとおり、「必要は成功の母」なのです。必ず解決策は存在します。やりたいことがあれば、目を皿のようにしてその解決策を探すのです。自分で答えにたどり着けない場合には、徹底的にその分野の本を読み込むでしょうし、その分野で成功している人にヒアリングを重ねるべきです。すると必ず解決策があなたの目の前に現われます。

「無理だ」という人の多くがじつは、そのことについて実際にはほとんど何も調べてもいないし、考えてもいない人だということを、強く心に刻み込んでください。

もちろん私も、やりたいことがすべてできたわけではありません。関わったプロジェクトの7割くらいは失敗に終わっています。常に枠組みを超えて新しいことをやりたがるので、仲間から非難されることもしばしばあります。けれども私はいつも楽しいです。それはやはり、失敗することよりも、自分に不誠実になることのほうを恐れているからです。

やりたいことが見つからないなら先人に聞く

そもそもやりたいことが、見つからない？　それにだって解決法は存在します。ヒントは、私のもう一つのアイデア発想法の中にあります。すでに私の企画術の話はしましたが、もう一つのやり方があるのです。

それは、何だかその人と話していると、アイデアが次から次に生み出されていく友人と、定期的に話をする機会を持つことです。私のその友人はある会社の営業マンをやっている人ですが、その人は新しいものやおもしろいものが大好きで、いろいろな情報を仕入れてきては、私に延々とシェアしてくれるのです。一方の私も、滔々《とうとう》と最近仕入れたおもしろいネタについて披露します。すると様々な情報が結びついて、双方の中に様々な問題の解決法がポンポンと生み出されていくのです。

これを一般の物事を考えるときの話に適応すると、**自分がやりたいことが何なのかわからない人は、あなたと少し異なる情報源に触れることのできる人・常にアンテナを広く張り巡らせている人に話を聞きに行け、ということになります。**

アイデアも一人でうんうんと考え続けるよりも、豊かな発想を持ったほかの人と話しているときに多く生み出されるように、問題の解決法も、豊かな発想を持っている人に話を聞くほうが手っ取り早いことが往々にしてあるわけです。

具体的には、あなたが憧れる生き方・働き方をしている人に直接話を聞きに行きましょう。有名人だから会えるわけがない？　そんなはずはありません。有名な人は得てして講演会やセミナーなどを行っているはずです。すかさずそういう会に参加して、質問の時間に（いや、質問の時間がとられていなくても自ら挙手して）「私はある問題を解決しようとしているのですが、袋小路に入ってしまっていると感じています。少しお知恵を拝借できませんか？」とストレートに聞いてみましょう。

また、著名な人でなくても、周りの憧れの先輩、知り合いの知り合いであるすごい人の中で「これは」と思った人には積極的に話を聞きに行きましょう。その人と話す機会が得られない？　そんなはずはありません。直接の知り合いだったら、「あなたの話を聞きたいです。お好きなお店で奢りますから、ぜひ話を聞かせてください」と切り出しましょう。知り合いの知り合いだったら、知り合いの人に「その人と次飲みに行く機会があったら、私も連れていってください」と申し入れましょう。

話を聞くのは一人だけに、ではいけません。恐らく誰か一人に話を聞いたところで、あなたの積年の悩みは解決できないでしょう。そもそも一人に話を聞いた程度でちゃんとその人が応えてくれるなんて思っていたら挫折のもとです。だからあなたの悩みが解決するまで、しつこく、諦めずに、何人の人にでも話を聞きに行くのです。

でも実際、そうしていると、いつしかあなたは、多くの先人たちがほとんど同じ話をしていることに気づくでしょう。

それは**何かを成し遂げたり幸せな人生を手に入れたりするには、「好きなことに向き合い続けること以外に方法はない」**ということです。

MBAで学べることより大切な、たった一つのこと

突然ですが、私はここでみなさんにお詫びをしなければいけないことがあります。

それは、ここまで長らく私の人生がトントン拍子にうまく進んできたかのように書いてきてしまったことです。

自慢話のようで鼻についた方もいたでしょう。そういう方にはお詫びを申し上げたいと思います。不快な思いをさせてしまったことと同時に、私の人生も決してうまくいったことばかりではなかったからです。

そういった話――すなわち、何かを成し遂げたり幸せな人生を手に入れたりするには、「好きなことに向き合い続けること以外に方法はない」という話――をこれからしていきた

いのですが、私の人生の最大の試練は、初めてのスタートアップであるUIEvolutionを立ち上げた直後に訪れました。

起業直後から本当に失敗の連続でした。良いものを作っているはずなのに、なかなか売り上げにつながらず、お金が足りなくなって人を解雇しなければならない事態にまで追い詰められました。どうしてうまくいかないんだろう、何が間違っているんだろうと、それはもう想像を絶するほどの苦悶の日々でした。

自分に限界を感じた私は、会社がいったんほかの会社に買収されたのち、ワシントン大学に入学し、MBAのコースで会計やマーケティング、商品戦略などいろいろな勉強をして、経営学修士を取得しました。「勉強のための勉強」はしないことを信条として生きていた私が、勉強をするほど追い詰められていたのです。

でも、勉強に二年を費やしましたが、無情にもそこに答えはありませんでした。

そこで考えたのは、**「なぜマイクロソフト時代は何をしてもうまくいっていたのか」「何を作っても市場で受け入れられたし、上司にも気に入られていたのか」**ということでした。

結局マイクロソフトですごかったのは、Windows95のチームでした。コアな技術者が30人くらいで、ある意味異常なカルト集団だったのです。そのチームこそが、あのカイロを出し抜いた、シカゴのチームメンバーたちでした。

私たちはあのとき、熱狂していました。カイロにすでに相当なお金をつぎ込んでいるとか、社内の軋轢とか、どうでもよかったのです。

それよりも「俺たちが何よりもまず先にWindows95を出して、まずアップルをぶちのめす」「IBMをぶちのめす」。「そうして、世界に俺たちのほうが正しいことを証明してやる」と、それに向かって皆がまっしぐらだったから、ものすごく気持ちよく仕事ができていたわけです。

「こんなのを作りたいんだ」「これで俺たち証明してやるんだ」。「チームの存在、個人の存在、なんでもいいんだけど、全部力技で証明してやる」と皆が思っていました。

全員がその方向で一致していました。思いは一つだったのです。

だからこそ何にも苦しくなかった。それがあったから1日16時間とか17時間とか働いても全然つらくなかったのです。

同じことをしていても目標がわかっていなかったり、上司に言われて「おまえ納期が迫っているんだから週末も来い」とか言われるとキツくてしょうがないはずです。実際には同じ時間働いているので、肉体にかかる負担は同じです。でも、楽しんでやっているかそうでないかで結果は変わってくる。すごく楽しかった思い出しか、その時期の記憶はなかったのです。

そういう試行錯誤の末にたどりついた一つ目の答えは、ベンチャー企業は普通うまくいかないのが当たり前だという、身も蓋もない現実でした。

商品を出して、何の工夫もせずに大ヒットするなんてことはありえません。Twitter もYouTube も、製品をリリースしてみてうまくいかなければ修正し続けるのです。その中でつらいこともあって、一緒にやっていた人が辞めたり、お金がなくなったりするケースもあったでしょう。それでも突き進んだ人だけが成功している、ということに考えが至ったのです。Google も最初は全然ビジネスモデルなんてなかったわけです。

じゃあなぜ、その人たちがやり続けることができたかと言うと、それはその人たちがそれをやりたかったからです。

お金目的の人たちが集まると、お金儲けでやるから、やり始めて「意外と儲からないな」

と思った瞬間に人がちょっとずつ抜けていくようになります。全員がくじけないかもしれないけれど、やっぱり人は辞めていきます。

でも、**こんなことを実現したい、という思いで人が集まると、そこに向かって走り続けられるのだと気づいたのです。**

一つのサービスが成功したとかしないとか、誰かが抜けたとかいてくれたとか、お金がなくなったとか結構残ったとか、まぁそれはそれでつらいことだったりうれしいことではあるけれど、本当の目的に目を凝らしたら関係ないですよね。

目的はここでしょ、って。そうすると走り続けることができた。逆に言えば、そう思っているときにだけ走り続けることができていた。この走り続けられることが最も重要なことだったのです。

結局、ビジネスをどうやって成功させようかとか、お金の面をどうするかとか、人をどうやって増やすかとかどうとかこうとか、そういう話は些末な枝葉にすぎなかった。

答えはどれでもなくて、大切なのは共通の目的を持った者同士が集まったかどうか、それだけだったんです。それによってチーム全員で走り続けることができるわけですから。

結果が出ていたのは、いつもそういうときだけだった。

そのためには結局、**人一人の人生にとって一番大切なのは、自分の好きなことをやるかどうか、やり続けることができるかどうかだ、**というシンプルな答えにたどりついたのです。


自分が幸せになれる行動をしないと、人は幸せにはなれない。


そんな簡単なことに、そのとき私は気づいたのです。

そのことに気づくためには、MBAなんて一つも必要ではありませんでした。

だからこそ、方法はそれしかないからこそ、私はあなたに行動してほしい。今までの自分を幸せにしない行動から早々に足を洗って、自分を幸せにするばかりの行動に舵を切ってほしい、その思いで筆を執っています。

だから私は、集中力を無理やり引き出さなければならない仕事はするな、とお伝えしたのです。これがあまりにも変えようのない人生におけるたった一つの真理だからです。

「このノウハウであなたも集中できます」と言っても、それは絶対嘘になってしまいます。

私の本書での仕事は、あなたに本を読んで気持ちよくなってもらうことではなく、実際に行動を変えてもらうことです。

だから私は、ここでおためごかしを書くわけにはいかない。

最後は精神論しか語れなくなりますが、そのためになら、見栄も外聞も地位も名誉もかなぐり捨て、人生のすべてを賭けるほどの価値が、そこには絶対にあるのです。

時間を制する者は、人生を制す

「なんだか熱い話をしてお茶を濁そうとしているな？　そんなキツい生き方、私には、時間の余裕もないしお金もないし、絶対にできないよ」

「そもそも時間術の本のはずなのに、なぜ人生の話を延々続けているんだ？」

そう思いましたか？　でもそれはおっしゃるとおりです。私は本書が「時間術の本」だからこそ、この話を続けているからです。

時間もお金の余裕もないから、好きなことなんてできっこない、そんな余裕は存在していない、そう思われた方は、本書の時間術が生まれた瞬間の話を思い出してみてください。

そうです。本書の時間術の萌芽は、小学校3年生の夏休みに、私が宿題を終わらせていなかったばかりに海に行けなかった経験がベースとなって生まれました。

その後私は、嫌いな勉強をしたくない、好きなことばかりしていたいがために、この時間術を発展させてきたのです。

すなわち、**本書の時間術が、最も効力を発揮するのは、「嫌なことから逃れたいとき」であるのです。**

だから、時間がない、お金がない、今の仕事が嫌だ、上司が最低の人間だと嘆いている方は、今の今から、本書の時間術を使い倒して、嫌な仕事を速攻で終わらせて、そうして手に入れた余裕の時間でもって、次の人生のための準備を始めてください。

自分が好きなことが見つからない方は、そのことと向き合う時間にしてください。やりたいことがあって次の会社に移りたい方は、その会社に持ち込む企画のプロトタイプを練り上げる時間にしましょう。次の動きのためにお金が必要な方は、その時間を使って副業でもバイトでもなんでもやってとにかくお金を稼ぎましょう。資格の取得が必要な方は、どんどんそのための勉強を進めていきましょう。

そのときのつらさは、もはや苦しみではなくなっているはずです。なぜなら、それは「嫌なこと」の一部ではなく、「好きなことをやる」ための一部になっているからです。

たとえば、**そのためにまずは半年耐える。その間に成果を挙げる、と期限を切ってもいいでしょう。**嫌な上司から逃れたいのであれば、その期間に今の仕事で大きな成果を上げ、その成果をお土産にして、次の会社に転職すればいいのです。

新しい明日のための期限付きの努力であれば、今まで何事にも集中できなかったあなたも、集中して耐え抜けるはずです。

ゆえに、時間を制する者だけが、人生を制することができるのです。逆に言えば、今の生活に不満足な人は、今自分が、時間に支配されてしまっているんだという現実を、しっかりと認識するところから始めなければいけません。

人生だ生涯だと大きく言ったところでそれは結局、今からの一分一秒の積み重ねでしかないのです。私のこれまでも、ただ単に、時間と真摯に向き合っただけの半生でしかなかったのですから。

「勉強はするな」から始まって、長々と書いてしまいましたが、まとめると、せっかく人生の大半を仕事に費やすのであれば、給料とか社会的地位とかを基準にするのではなくて、自分が好きなこと・やりたいこととマッチした職を選びましょう。

もし今やっている仕事が「集中力を要する仕事」だったら、集中しなくても楽しくてしょうがないから、つい没頭してしまう仕事に就けるよう、まずは本書の時間術を使い倒して、期間限定でいいから今の仕事で成果を挙げて、それができる部署・会社に移りましょう、ということです。

自分が本当は何をしたいのか、何になら夢中になれるのかを、できるだけ早いうちに見つけ出すことはその後の人生にとって大きなプラスになります。そんな天職を得るための努力なら惜しむことはないし、けっして無駄にはなりません。そうやって「好きなことをして生きていく」ための努力を続けている限り、(ほかの人にとっては)つらいことも苦痛ではなくなるし、喜びに溢れる人生が送れます。

だから、自分が関わっているプロジェクトの方向性がおかしいと思ったら、自分がどんな立場にいようと強く主張すべきです。仕事の成果を挙げることは、会社の規則を守ることに優先します。早く帰って休むことは、ほかの人と一緒に残業することに優先します。会社のために上司に反対意見を述べることは、上司を気遣って黙っていることに優先します。

仕事のことを考えて行動することは、相手に遠慮することに優先します。

会社は成果を挙げる人を必要としているし、本当に会社のためになるのであれば必ず耳を傾けてもらえるはずです。「そうは言っても、難しいんだよ」などと逃げを決める上司は怒鳴りつけてやればよいのです。

あなたの仕事は、あなたの仕事を終わらせることだからです。

結局、本書の真の目的とは何か

……と、熱い話になったので、本書がエンディングを迎えたと思いましたか？　そうは問屋が卸しません。本書はもうしばらく続くのです。

なぜなら、あなたの仕事が仕事を終わらせることであるのと同様に、本書での私の仕事は、あなたの仕事を終わらせることだからです。

最後に本章をまとめておきましょう。大きくは、次の3点に集約されます。

- **勉強のための勉強はするな**
- **規則は守るな**
- **集中力を無理やり引き出さなければならない仕事はするな**

本書は時間術の本です。そのため、いくつかのノウハウをみなさんにお伝えするためだけに、かなりの紙幅を説得のために割きました。たくさんの例とたくさんの比喩、たくさんの概念を織り交ぜて時間術について語ってきました。

6章ではそうした実用的な話から大きく転回し、働くということの考え方や勉強ということの考え方、そして生き方についても語ってきました。雰囲気の違いに驚かれた読者もいるかもしれません。けれども私が本書で伝えたいのは、まさにそういうことでした。働くとはどういうことか、生きるとは何かを考えてほしい。そんな思いで本章を執筆しました。

本章の内容は先ほど3つにまとめました。しかし、あえて振り返ることはしません。1章から5章までのように、要約して伝わるものでもないと思うからです。ただ、ここまで読んでいただいたあなたなら、この章がどのような目的で書かれたのかはわかっていただけると信じています。

最後に、時間術をあなたに導入してもらうために、私から一つ最大のメッセージを送って終わりにしたいと思います。

あなたが寝る前にやるべきこと

ここまでいろいろなノウハウを述べてきましたが、今までいろいろなビジネス書を読んできたみなさんは、いつものように読了時につかの間の高揚感を得て「いつか実践してみよう」と本書の内容を忘れてしまうのでしょう。

それは私の本意ではありません。このまま本が終わってしまっては、いつまでも時間術を実践していただけないでしょうから、ここで言っておきます。

実際、仕事を抱えすぎていた人、いつまでも仕事が終わらなかった人が、本書の仕事術を導入するのは非常に困難なことです。なぜなら、嫌で嫌でしょうがなかったにもかかわらず、あなたの仕事がいつまでも終わらなかったのは、あなたがその困難な状況と向き合うことを避けてきたからです。

「馬を水辺に導く事はできるが、水を飲ませる事は出来ない」ということわざがあります。困難な状況を変える方法を教えても、困難な状況を変えさせることは、なかなかできるものではありません。

ですから、「難しいことなんだ」という認識を持ち、それを前提として「全力で」事に当たるしかありません。

だからこそ私は、あなたにロケットスタート時間術を導入していただくことを諦めません。

なぜなら、私の本書での仕事は、あなたがあなたの仕事を終わらせられるようにすることだからです。

難しいことですが、あなたには今、まさにこの時点から変わってもらいます。

あなたが人生を変えられるかどうかはこの瞬間にかかっています。

今までの何も変わらなかったやり方を続けて、あなたの人生が何か変わることがあるでしょうか？

むろんあり得ません。

だから、あなたは「今」何かを変える決断をしなければいけないのです。

人生を変えるには覚悟が必要です。

あなたが今日から実践すべきこと、それは夜寝る前に、明日やることのタスクリストを作ることです。これをやらなければいけないのは「絶対」です。

4章でお話ししたとおりですが、タスクリストがあるのとないのとでは、仕事の効率がまるで違ってきます。自分が何をするべきなのかがわかっていない人は案外多いものです。少しの重複になりますが、タスクリストについて詳しく説明します。

私はタスクリストは普通にノートに書いています。パソコンのツールやスマホのアプリだと起動に少し時間がかかるからです。毎日やるものは、極限にまで動作のハードルを下げるべきです。紙のノートだったらいつも手元に置いておいて、サッと開いて書けばいいだけですから長続きします。

具体的にどうするか、というと、左端にチェックボックスを書き、その右に仕事の内容を書きます。ここで重要なのは、**仕事は15分程度で終わる単位の仕事に分けることです。**15分では終わらない仕事もいくつかの小さな仕事に分割します。慣れないうちは難しいでしょうから、まず5章の「長期の仕事は縦に切る」でお話ししたような要領で、大きな仕事をズバズバと中くらいの規模に分割していってください。その後更に小さな仕事に切り分け、そのうえで15分くらいの微細なタスクにまで落とし込んでいきます。

作業自体はたったこれだけのことです。私は毎日寝る前の5分程度で書いています。しかしこれはたいへん重要なことです。なぜならタスクリストがあると仕事にリズムが生まれるからです。仕事のリズムとは、つまり一つの仕事を終えるごとにリストにチェックがついていく快感のことです。

言葉にするとあまり大したことのない感覚のようですが、実際にやってみるとかなりの高揚感があります。

ここに書き出したタスクが明日の作業ということになるのですが、思い出してみてください。本書の方法では、1日の仕事の大半（8割）をいつまでに終わらせるのでしたか？

そうです。**あなたは明日の仕事の大半を、明日の午前中までに終わらせるのです。**

ということは、明日朝起きたら、せっせとタスクをつぶしていき、あなたは明日のお昼までに、このリストのほぼすべてにチェックをつけて終わらせるわけです。

チェックまでの時間にリズムをつけるのが重要です。1日のタスクが3つくらいだとなかなかチェックをつけられません。そうすると頑張っているのになかなか仕事が進んでいないように思えたりするので、分割することで気持ちよくなるべきです。どんどんチェックをつけられるので、午前中いっぱい達成感が持続します。

このリズムが、あなたに、「仕事を追っている感覚」をもたらします。仕事に追われていた今までとは180度違う感覚です。朝の2時間半でどれだけタスクを倒せるのかが楽しくて楽しくてしょうがなくなっていきます。午前中にほとんどの仕事を終えられたときの快感たるや、筆舌《ひつぜつ》に尽くしがたいほどです。

私はそうして今、ここに立っています。明日から、あなたにもそのすべてが可能になるのです。

あなたは明日のタスクリストに何を書き込みますか？　上司に「いったん2日時間をください」と、初の見積もりを申し出ることでしょうか？　やりかけの仕事に、「初の10倍界王拳を使って取り組み出すこと」でしょうか？　多くの人は、明日からどうやってロケットスタート時間術を導入していくかが、15分ごとの小刻みなタスクとしてリストアップされていくことでしょう。明日が本当に待ち遠しいですね。

一応、明日の朝あなたがやることも、ここに書いておきましょう。それが明後日以降も毎朝あなたがやるべきことになります。

大切なのは、出社する前から仕事をすることです。よく将棋の棋士が頭の中で将棋盤を思い描いて勝負することがあります。これを目隠し将棋、あるいは脳内将棋と言います。これは熟練した将棋指しが成せる神業です。お互いの駒の配置の変化やお互いの手持ち駒をすべて暗記しながら戦略を組み立てるというのは相当な集中力を要します。それだけに、プロとプロが将棋盤を見ずに目をつむって「七6歩」「八4歩」と言っていく姿は、とてつもなく高度な演劇のようです。

これを仕事で再現するのは不可能ですが、私がこの例から言いたいのは、仕事場で机に向かわなくても仕事のことは考えられるということです。

私は毎日、オフィスに車で向かう途中に今日やるプログラミングのことを考えています。

昨日考えていたところは、こうすればうまくいくかもしれないなと。それなら今日はここをこうしていこうと。

仕事が始まるのは会社でパソコンのスイッチを入れたときではなく、会社に向かっているときなのです。

というよりも実際には、夜寝る前からすでに明日の仕事は始まっています。

本書では再三、もうどうしようもなく眠くなったときは、何度でも仮眠しましょうというお話をしました。この考え方を仕事の終わりかけの夜の時間に応用するとこうなります。

夜の時間、すなわち「流し」の時間の後半あたりで眠くなったり、仕事に煮詰まったりした場合は、思い切って明日に向けて寝てしまうのです。しかもただ寝るだけでなく、このときに、睡眠学習ならぬ睡眠仕事を意識しましょう。考えても考えても解決策が思い浮かばなかった難問、何をどうやっても前に進められなかった仕事。それらは寝ながら考えようと思って、解決策を考えながら眠りにつきます。

そうして翌朝、会社に着いたら、コーヒーを淹れたりせずに仕事を始めます。やることは決まっています。「10倍界王拳を使って仕事をする」。タスクリストに書いてあります。

そうすると不思議なことに、昨日はどうやっても出てこなかった冴えた解決法が、湯水のごとくあふれ出てくるものなのです。

この本を閉じた後にあなたが作るタスクリストは、未来の地図です。それに従って進んでいけば、ここではないまったく違う新たな場所にたどり着くことができます。だからタスクリストは「書くもの」ではなく「描くもの」です。

明日の分のタスクリストが完成したら、スマホをいじったりせず、明日の仕事のことを考え、ワクワクしながらベッドに入りましょう。

ついに電気を消す時間がきましたね。

明日の朝起きたら、今までのあなたのものとはまったく違う新しい人生が始まります。地図を手にして未来へ突き進むのです。だから今日の夜は今までの変われなかった人生を閉めくくる記念すべき最後の消灯です。

あなたの仕事は、仕事を終わらせることです。

そして、あなたの人生の仕事は、あなたの仕事を終わらせることではなく、人生を思いっきり楽しむことです。
私はこの本を、中学のときに作りたいと熱望していたタイムマシンの代わりとして、あなたの人生を一気にワープさせてくれるデバイスなんだと思って書きました。
あなたの人生に、少しの明かりを灯すことができれば、これ以上うれしいことはありません。

一度しかない人生、思いっきり楽しもうぜ。

やりたくもないことに延々時間をとられてるなんて、もったいないぜ。

あとがき

この本を執筆中に、私自身の人生に大きな転機が訪れました。私が２０００年に起業した UIEvolution に12年ぶりにＣＥＯとして復帰することになったのです。

UIEvolution は、私が「私たちの身の回りにあるすべてのデバイスがインターネットに繋がる」というビジョンの元に、マイクロソフトを退社した２０００年にシアトルで創業したソフトウェア会社です。

一度は２００４年にゲーム会社のスクウェア・エニックスに買収された会社ですが、２００７年末にＭＢＯ（Management Buy out：経営陣買収）で買い戻し、その後は当時の私の部下たちに経営を任せて、私は株主／取締役としてだけ関わっていたのですが、今年（２０１６年）の2月の取締役会で私がＣＥＯとして復帰することが決まったのです。

この12年間、いろいろなことがありましたが、その中でも私の人生に大きな影響を与えたのが、２００４年に書き始めたブログ「Life is beautiful」です。

２００４年といえば、まだまだ「ブログ」という言葉すら一般の人たちには知られていなかったころのことです。

スクエニによる買収の結果、毎月のように日米を往復する生活が始まったのですが、それを見た妻が子どもたちを連れて日本に戻ってしまったのです。当初のブログは、そんな私がシアトルで一人暮らしをしているときにも、ちゃんとした食事をしていることを妻に知らせるために書き始めた、いわば「家族通信」だったのです。

しかし、たまたま書いた「日本語とオブジェクト指向」という技術系の記事がエンジニアたちのあいだで大評判になり、いつの間にか私のブログは「技術系ブログ」の代名詞のようになってしまいました。定期的な読者もあっという間に1万人を超え、2005年の末には「アルファブロガー」に選ばれました。

ブログを通して多くの人と出会ったし、ブログがあったからこそ採用できたエンジニアも大勢いました。ブログのおかげで獲得できたビジネスも少なくありません。

この本を執筆するきっかけを作ってくれたのもこのブログです。ブログによって知名度が上がった結果、ウェブ上のメディアへの執筆依頼やインタビューの依頼が数多く来るようになっていました。この本のベースになった「『締め切りは絶対に守るもの』と考えると世界が変わる」というタイトルのコラム（WEB+DB PRESS　技術評論社）も、その一つです。

文章を書くようになった一番のメリットは、頭の中の考えを整理整頓する習慣がついたことです。

たとえば、UIEvolutionを起業してからの最初の4年間は、いろいろなことを手探りでやっていましたが、あまり「なぜその戦略を選ぶのか」などは考えずに行動していました。しかしのちに、その経験を通して学んだことを文章にするプロセスそのものが、私自身にとってその経験を総括して自分自身の教訓とする、とても良い機会になったのです。

たとえば、今では「会社を経営するうえで何よりも重要だ」と考えている企業文化（コーポレート・カルチャー）ですが、最初は表面的にしか理解できていませんでした。そのため「自らが態度で示すだけで十分」と甘く見ており、どんな企業文化の会社にしたいのかが、社員全員に伝わってはいませんでした。

しかし、文章を通して「企業文化の重要性」を他人に伝えようとすると、「なぜ重要なのか」「健全な企業文化を作り出すための具体的なプロセス」などをちゃんと説明する必要があり、これまでよりも一歩も二歩も踏み込んで考えなければならず、それがとても良い学びになるのです。

企業戦略に関しても、同じです。夢中になって会社を経営しているあいだは、目の前の問題にばかり気を取られており、「自分たちはどこで差別化していくのか」などの長期的な企業戦略を考える余裕はありませんでした。しかし、企業戦略に関して客観的な文章を書くようになってからは、とてもクリアにものを見ることができるようになり、他人にもわかりやすく説明できるようになりました。

とくに、日本のメーカーがAppleやSamsungに負けてしまった理由だとか、日本のソフトウェアが、ゲームを除いて世界で通用しない理由などは、誰よりも明瞭に、かつ、わかりやすく説明できるようになったと感じています。

とくに後者の話は、グローバルな市場で戦うソフトウェア企業の経営者である私自身にとってはとても重要で、これ一つだけとっても、以前とは大きく違う企業経営ができると考えています。

これからは、パソコンやスマートフォンだけでなく、自動車、サイネージ（電子掲示板）、クレジットカード、照明器具、壁、道など、私たちの周りにあるあらゆるものがネットに繋がり、それらが一体となった「ＩＴインフラ」が、駅、空港、ショッピングモールなど様々な場所の「ユーザー体験」を作り出していくようになります。

日本では、そんな「ＩＴインフラ」の構築はいわゆるＩＴゼネコンと呼ばれる、巨大なＩＴ企業が受注し、設計だけして開発は下請けに丸投げする、という形で作られるのが一般的です。そして、下請け企業では、事前に満足なプログラムの教育を受けさせてもらえていない人たちが、過酷な労働環境でプログラミングをする、というとても非効率で非人道的な方法で行われているのです。

しかし、そんな開発手法では決して良いものは作れないし、優秀なエンジニアが働きたいような環境は作れません。国際競争力のあるソフトウェア企業も、そんな業界からは決して生まれてきません。

私は、UIEvolutionを通して、優秀なエンジニアたちが自らコードを書いて構築した汎用《はんよう》的なソフトウェアをライセンスする、というビジネスモデルで、旧態依然としたＩＴインフラの世界を大きく変えようと考えています。

日本だ、世界だ、という分け隔てなく、優秀な日米のエンジニアたちが、ビジョンを共有して世界を変えていく、そんな場を作ることが私の次の目標です。

この本を読んだ方の中にも、今の日本の状況に閉塞感を感じ、もっとオープンな環境で自分の力を発揮したいと考えている方も数多くいると思います。

一度しかない人生です、ぜひとも夢を共有できる仲間を見つけ、日夜を忘れて仕事に没頭できるような環境に自分を置いてください。未来の社会は、そんな人たちが作り出していくのです。

シアトルのUIEvolutionのオフィスにて　中島聡

中島聡（なかじま・さとし）

1960年北海道生まれ。早稲田大学高等学院、早稲田大学大学院理工学研究科修了。高校時代からパソコン系雑誌『週刊アスキー』において記事執筆やソフトウェアの開発に携わり、大学時代には世界初のパソコン用CADソフト「CANDY」を開発。学生ながらにして1億円を超えるロイヤリティーを稼ぐ。

1985年に大学院を卒業しNTTの研究所に入所し、1986年にマイクロソフトの日本法人（マイクロソフト株式会社、MSKK）に転職。1989年には米国マイクロソフト本社に移り、Windows95、Internet Explorer3.0/4.0、Windows98のソフトウェア・アーキテクト（ソフトウェアの基本設計・設計思想〈グランドデザイン〉を生み出すプログラマー）を務め、ビル・ゲイツの薫陶を受ける。本書は、早咲きであった著者の「時間術」をまとめたもの。学生時代から、そして米マイクロソフト本社においても、「右クリック」「ダブルクリック」「ドロップ＆ドラッグ」を現在の形にするなどWindows95の基本設計を担当し、またWindows98ではOSにインターネット・ブラウザの機能を統合することで、マイクロソフトのブラウザのシェアを世界一にするなど、大きな成果を上げ続けた秘訣こそが、この「時間術」だった。

2000年に米マイクロソフトを退社し、ソフトウェア会社のUIEvolutionを設立してCEOに就任、現在に至る。人気ブログ「Life is beautiful」及びメルマガ「週刊Life is beautiful」でも有名。

なぜ、あなたの仕事は終わらないのか
スピードは最強の武器である

2016年 6月7日　第 1 刷発行
2025年11月4日　第20刷発行

装丁　大場君人
協力　伊藤源二郎　植谷聖也　大橋弘祐　清村菜穂子　小寺練　左川あゆみ　下松幸樹　菅原実優　須藤裕亮　竹岡義樹　寺村卓朗　芳賀愛　林田玲奈　樋口裕二　古川愛　前川智子　宮本沙織　安井彩
編集協力　編集集団 WawW！Publishing（白石圭、乙丸益伸、杉山洋祐）
編集　谷綾子
発行者　山本周嗣
発行所　株式会社文響社
ホームページ　http://bunkyosha.com
お問い合わせ　info@bunkyosha.com
印刷・製本　中央精版印刷株式会社

 ISBN コード：978-4-905073-41-3 Printed in Japan
この本に関するご意見・ご感想をお寄せいただく場合は、メール（info@bunkyosha.com）にてお送りください。